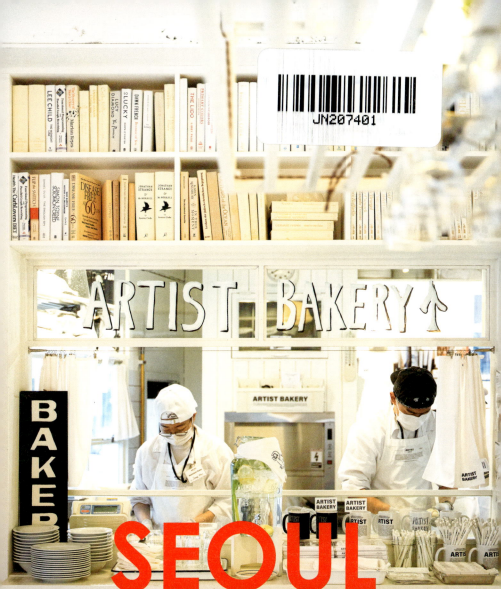

# SEOUL GUIDE

おひとりソウルガイド

朝日新聞出版

# PROLOGUE

# おひとりさまでも、
# おひとりさまだからこそ、
# ソウルは楽しめる！

海外のひとり旅、憧れるけど、大丈夫かな…？
そう思いながら、なかなか一歩を踏み出せずにいる人も多いかもしれません。
そんなあなたにぜひおすすめしたいのが、韓国・ソウルです。
日本と時差がなく、飛行機で片道約3時間。気候も日本と似ており治安も良好。
どこよりも気軽に行ける海外の都市といえるでしょう。
おいしいごはん、おしゃれなカフェ、話題のアイテムのショッピング、
歴史的な建物をめぐったり、美容に力を入れてみたり…。
本当にたくさんのワクワクがあなたを待っています。
ひとりでも楽しめるの？ ひとりだとさびしくない？ ひとりだと不安？
大丈夫！ ソウルはひとりでも、ひとりだからこそ楽しめることが盛りだくさん。
初めてのおひとりさまソウルなあなたには、安心安定のコースを、
すでに何度かおひとりさまソウルをしたことのあるあなたには、新しい刺激を提案します。
ひとりで旅すること自体が初めての人のために、
旅行の準備から現地での「困った」の解決まで、しっかりサポートもしています。
きっと元気になって帰ってこられる、おひとりさまソウルの旅に出かけましょう！

おひとりソウルTRIP
キホンのキ

## 食べる
### Gourmet
**難易度高め？
メニューを選べば大丈夫！**

ひとりごはんが日本に比べて浸透していない韓国。実は一番苦戦するのがごはん事情かもしれません。でもそれは選び方次第。ひとりで楽しめる絶品グルメもたくさんあるんです！

## 買う
### Shopping
**誰にも邪魔されず
好きなだけ吟味**

同行者がいると、気を使ってじっくり商品を見ることができない、なんていうこともありますよね。ひとりならひとつのお店にどれだけいてもOK。お気に入りを見つけてみましょう。

## 見る・遊ぶ
### Sightseeing
**興味のあることだけに
じっくり浸れる幸せ**

歴史散策や美術館めぐりなどは、自分のペースで回れないとストレスが溜まりがち。気の向くまま堪能できるのは、おひとりさまだからこそ。

## 磨く
### Beauty
**心ゆくまで
キレイを追求できる！**

近年ますます注目を集める韓国の美容医療。気軽にサクッと受けられる施術も増えています。「美容課金」を旅のテーマにするのもおすすめです。

## 泊まる
### Stay
**自分の希望だけで選び放題♡**

「せっかく泊まるならリッチなホテル！」「宿代は抑えたいから寝られるだけでいい！」など、ホテルの希望は人それぞれ。その希望、おひとりさまなら100％叶います。

# Ohitori SEOUL GUIDE Contents

PROLOGUE ······2
Seoul Area Guide ······6
本書の使い方 ······8

## Basic Course
キホンの2泊3日モデルコース

Day1　まずは鉄板エリアで肩ならし ······11
Day2　聖水でソウルの「今」を体感 ······13
Day3　伝統と革新を帰国ギリまで満喫 ······17
入れ替えSPOTアイデア ······20

## Custom Plan
カスタムプラン

1 | 王道から話題まで 鉄板食ルート ······26
　　入れ替えSPOTアイデア ······32
2 | 写真映え保証！ 話題のカフェルート ······34
　　入れ替えSPOTアイデア ······39
3 | 財布の紐ゆるゆる必至のショッピングルート ······42
　　入れ替えSPOTアイデア ······48
4 | ひとりでゆっくりめぐる！ 歴史探訪ルート ······50
　　入れ替えSPOTアイデア ······54
5 | 全力！ 推し活ルート ······56
　　入れ替えSPOTアイデア ······62
6 | エモすぎ♡韓ドラロケ地めぐりルート ······64
　　入れ替えSPOTアイデア ······68

## Premium Plan
プレミアムプラン

1 | 美容課金でキレイを磨きまくり ······72
　　K-COSME ······73
　　肌管理 ······74
　　薬局 ······77
　　個室アカスリ ······78
　　メイクアップ ······79
2 | 時間を忘れて感性を磨く
　　ミュージアムの世界 ······80
3 | 新たな沼へ！ 韓国ミュージカル ······86

4

# Town

## 話題の街を集中攻略TOUR

#1 ソスンラキル ……92
#2 西村 ……94
#3 ヨンリダンキル ……96
#4 乙支路 ……98
#5 松理団キル ……100

# Hotel

## おひとりさまHOTEL LIST ……102

# Gourlmet

## おひとりグルメカタログ

汁物 ……108
麺類 ……113
ご飯もの ……116
ローカルチェーン ……118
テイクアウト ……120
フードコート ……122

# Shopping

## おひとりショッピングカタログ

K-雑貨 ……126
ドメスティックフレグランス ……128
本気の食みやげ ……132
ダイソー＆オリヤンで
本当に買うべきモノ……135

# Handy Book

## 困った！に
## スグお役立ち おひとりさま旅の便利帖

1 おひとりさま旅の準備 ……138
2 出国から入国まで ……146
3 お金のアレコレ ……150
4 滞在中の交通手段 ……154
5 滞在中の「困った」解決 ……160
6 帰国準備のアレコレ ……164

# ohitori column

OLIVE YOUNGを
200%活用したいのです。……24

期間限定だから楽しい
ポップアップに行ってみた。……70

一日過ごせちゃう
複合施設は押さえておく。……106

国民的デリバリーアプリ
「ペダルの民族」が使えた件。……124

今さら聞けない！ おひとりソウルのQ&A ……168
ソウル地下鉄路線図 ……172
INDEX ……174

---

☎ =電話番号
📍 =所在地
🕐 =営業時間 レストランでは開店閉店時間（L.O.はラストオーダーの時間）、施設では最終入館・入場時間までを表示しています。なお記載よりも早い場合や遅い場合がありますのでご注意ください。
㊡ =休み 原則として年末年始などを除いた定休日のみを表示しています。無休と表記があっても旧正月、秋夕などの連休は休みになる場合や、定休日が祝日だと翌日に繰り下がる場合があるので訪問前に必ずご確認ください。
🚋 =交通 交通手段や拠点となる場所からの移動の所要時間を表示しています。
📷 =物件のインスタグラムアカウント

★本書に掲載したデータは2025年1月現在のものです。本書出版後、内容が変更される場合がありますので、ご利用の際は必ず事前にご確認ください。

★ショップで紹介している商品は売り切れ、または価格が変更になる場合があります。また、料金・時間・定休日・メニューなどは変更になる場合がありますので、あらかじめご確認のうえ、お出かけください。

★本書に掲載された内容による損害等は弊社では補償しかねますので、あらかじめご了承ください。

★天候や交通状況、お店の混雑状況、滞在時間によっては掲載しているプラン通りにいかない場合もありますのでご了承ください。
★QRコードは株式会社デンソーウェーブの登録商標です。

# Seoul Area Guide
エリアガイド

## 明洞 (ミョンドン)

### 結局便利な不動の観光エリア

外国人観光客が多く、定番から最新まで人気ショップが集結。観光客が多いので、ひとりごはんがしやすい店が多いのも特徴。

**付随エリア**
乙支路(ウルチロ)・南大門(ナンデムン)・市庁(シチョン)・光化門(クァンファムン)

## 東大門 (トンデムン)

### ステイに最適!?眠らぬファッションタウン

夜遅くまで営業しているファッション卸ビルが集まり、明洞に次ぐ第二の観光地。ソウルの東西に移動しやすい立地から、ホテルも多い。

**付随エリア**
新堂(シンダン)・大学路(テハンノ)

## 弘大 (ホンデ)

### ソウルの若者のリアルを体感

学生が多く集まる繁華街なので、ソウルの若者が好きなものが集まる。駅名でもある弘益(ホンイク)大学はソウル屈指の美術大学として有名で、芸術の街としても有名。

**付随エリア**
延南洞(ヨンナムドン)・上水(サンス)・合井(ハプチョン)・望遠(マンウォン)

## 梨泰院 (イテウォン)

### オシャレ感度の高い大人の街

外国人街として栄えてきたが、最近では漢南洞に話題のアパレルショップやカフェなどが増えており、落ち着きのある大人のトレンドスポットとして台頭している。

**付随エリア**
漢南洞(ハンナムドン)・緑莎坪(ノクサピョン)

景福宮 / 鍾路 / 弘大 / 漢江 / 仁川空港

0 1 2 3km

## 鍾路（チョンノ）

### 歴史感じるレトロな街

歴史的建造物や韓屋村があり、韓国の歴史や文化に触れられる。伝統小物を販売するみやげ物店も多い。鍾路は地元民に愛されるおいしい名店多数。

付随エリア

仁寺洞（インサドン）・益善洞（イクソンドン）・三清洞（サムチョンドン）（安国（アングッ））・西村（ソチョン）

## 聖水（ソンス）

### 今いちばんホットなものはココにある！

おしゃれなカフェやショップ、期間限定のポップアップ(P.70)が多く、見逃し厳禁のトレンドの発信地となっている。

付随エリア

ソウルの森・トゥッソム

## 狎鷗亭（アックジョン）

### 話題のグルメも集まるセレブエリア

人気のカフェやアパレルショップが並ぶ元祖おしゃれエリア。お隣に位置する清潭洞にはハイブランドのショップが軒を連ねる。

付随エリア

カロスキル・清潭洞（チョンダムドン）

## 蚕室（チャムシル）

### 超高層ビルのお膝元

ソウル東部にあるエリアで、高さ555メートルのロッテワールドタワー、自然あふれる石村湖（ソクチョンホス）など見どころが多い。

付随エリア

COEX（コエックス）・オリンピック公園

## 江南（カンナム）

### 美容を極めるならココ！

ソウルきってのビジネス街である一方、多数の美容クリニックがしのぎを削っており、美容課金をしたい人にとっては天国。

付随エリア

論峴洞（ノニョンドン）・駅三（ヨクサム）

# How to Use
## 本書の使い方

ナビゲーター **myao**（ミャオ）

猫らしき謎の生き物(自称妖精)。ソウル好きで、これまでの渡韓は100回以上。孤高のひとり旅で培ったTIPに事欠かない。サバサバしているが実は世話焼きな一面もあるツンデレ。

## Basic Course
### キホンの2泊3日

おひとりソウル旅のキホンとなる2泊3日のモデルコース。定番から話題のスポットまでを網羅しています。

**入れ替えSPOTアイデア**
モデルコースで紹介した物件と同エリア、同じようなことができる別スポットを紹介。コースを部分的に入れ替えられる

**+MORE**
時間に組み込めなかったけど、おすすめしたい追加情報

**物件データ＆地図リンク**
紹介した物件のデータに加え、QRコードで地図をチェックできる

**時間＆アクティビティ**
何時にどんなことをするかの目安となる

**一日のスケジュール**
一日のスケジュールを、移動も含めて紹介

まるっと半日〜一日分入れ替え可能!

お好みで追加・入れ替え可能!

## Custom Plan
### カスタムプラン

グルメやショッピングからロケ地めぐりまで、ひとつのテーマに沿った半日〜一日のプランを紹介。キホンの2泊3日へまるごと入れ替えもできます。

## Premium Plan
### プレミアムプラン

ひとりだからこそ楽しめるアクティビティをテーマ別にギュッと凝縮。旅行日数が余っているなら追加、気になるものは単発で入れ替えてもいいでしょう。

# Basic Course

キホンの2泊3日モデルコース

おひとりソウル旅の
キホンとなる、
理想を詰め込んだ
2泊3日のモデルコース。
定番から話題のスポットまでを
しっかりカバー！

## キホンの2泊3日モデルコース
## Basics 2-3days

**Day 1**
まずは鉄板エリアで肩ならし
明洞→東大門

**Day 2**
聖水でソウルの「今」を体感
明洞→聖水→江南

**Day 3**
伝統と革新を帰国ギリまで満喫
三清洞→ソウル駅

# Day 1　まずは鉄板エリアで肩ならし

BASIC

## 16:00　オリヤンパトロールで最旬アイテムをくまなくチェック

### 話題のアイテムは1階にアリ
**OLIVE YOUNG** 明洞タウン店
올리브영 명동타운점／オルリブヨン ミョンドンタウンジョム

韓国人たちの美と健康を支える人気ドラッグストア。明洞タウン店は2023年11月に、外国人観光客に特化した店舗へとリニューアル。1階はスキンケアと話題の商品、2階はメイクアップやヘアケア、食品、メンズアイテムなどがそろう。

☎02-736-5290　中区明洞キル53　10:00〜22:30　無休　2号線乙支路入口駅6番出口から徒歩5分　日本語△　英語○　カード○

### ＋MORE
**屋台グルメもチラ見**
午後になると明洞キルと明洞8キルには屋台がズラリ。支払い方法は現金のみなので、両替をして挑みましょう。

## 18:00　記念すべき1食目は参鶏湯でパワーチャージ！

### 黄金とろみスープが特色
**高峰参鶏湯** 明洞店
고봉삼계탕 명동점／コボンサムゲタン ミョンドンジョム

汝矣島に本店のある人気参鶏湯店。グルメで有名なタレント、イ・ヨンジャのお墨付き。天然鉱泉水と桑黄(メシマコブ)を煮込んで作った黄金のスープはとろみがあってまろやかな味わい。

薬水桑黄参鶏湯 2万W

☎02-756-2300　中区明洞7キル21　10:00〜21:00　無休　2号線乙支路入口駅5番出口から徒歩3分　日本語△　英語○　カード○

元気になれるかんじがスゴイ

---

**13:00**
仁川国際空港到着
↓  リムジンバス

**15:30**
荷物を置いて明洞へ繰り出す
↓ 徒歩5分

**16:00**
オリヤンをパトロール
↓ 徒歩5分
＋MORE
小腹がすいたら屋台でちょい食べ

**18:00**
高峰参鶏湯で栄養チャージ
↓  2号線4分
　　　p.11
- - - - - - - - - - - - - - -
　　　p.12

**20:00**
東大門のnyu nyuで夜ショッピング
↓ 徒歩15分

**21:30**
Jean Frigoでフルーツカクテル
↓  2号線4分

**23:00**
ホテル着

＋MORE
飲み足りなければコンビニ飲み

## 20:00 眠らぬ街・東大門で夜ショッピング

**壁一面のアクセサリーに胸高鳴る**

### nyu nyu 東大門店
뉴뉴 동대문점／ニュニュ トンデムンジョム

3階建てのショップの壁に1500W〜のアクセサリーが約2万点並ぶアクセサリー問屋。ピアスだけでなく、イヤリングもしっかりそろっているのもうれしいところ。バッグなどのファッション小物も。

☎0507-1309-9596 📍中区馬路34, 1-3F 🕐11:00〜翌5:00 休無休 🅿2・6号線新堂駅10番出口から徒歩5分 日本語△ 英語△ カード○
📷@nyunyu.official

うちの母は1時間出てきませんでした

レジ横で免税手続きもお忘れなく！

東大門

## 21:30 おひとりさまOKな隠れ家バーで大人の一杯

**青果店かと思いきや…なカフェバー**

### Jean Frigo
장프리고／ジャンプリゴ

外観は青果店ですが、冷蔵庫のドアを開けると、そこにはおしゃれなカフェ＆バー空間が広がる。季節のフルーツを使ったメニューが充実しており、ノンアルコールドリンクもあるのがうれしい。

☎02-2275-1933 📍中区退渓路62ヶル9-8 🕐18:00〜翌1:30 休月曜 🅿2・4・5号線東大門歴史文化公園駅4番出口から徒歩4分 日本語△ 英語△ カード○
📷@jeanfrigo_official

東大門

新鮮なフルーツを使ったカクテルは1万6000〜2万W程度

1階カウンター席ならひとりでも過ごしやすい♡

入り口が冷蔵庫!?

### ＋MORE
**飲み足りなければコンビニで**

おひとりさまの強い味方といえばコンビニ。ひとりならコンビニであれこれツマミを買い込んで、ホテルでゆっくり飲むのも、ソウルの夜の楽しみ方のひとつです。

めちゃチルい

# Day 2 聖水でソウルの「今」を体感

BASIC

## 9:00 朝はほっこりお粥でスタート

牛肉野菜粥 1万1500W

トリュフアワビ粥 1万7000W

意外と量あるで

### 全国チェーンで安定のおいしさ
**本粥** 明洞店
본죽 명동점／ポンジュッ ミョンドンジョム

朝ごはんの代表メニュー、お粥を気軽に食べられるチェーン店。テイクアウトも可能なので、ホテルでの朝食にも。

☎02-755-3562 ◆中区明洞8キル6, 2F ⊙9:00-21:00 (15:00~16:00ブレイクタイム)、土曜 ~ 15:00 休日曜 ◆4号線明洞駅6番出口から徒歩2分 日本語 △ 英語 △ カード ○ @bonjukofficial

明洞

## 10:30 AMORE聖水で自分にピッタリのコスメ探し

### 韓国代表化粧品メーカーが手掛ける施設
**AMORE 聖水**
아모레 성수／アモレ ソンス

自動車整備工場をリノベーションした建物内には、化粧品メーカーAMOREPACIFICのショールーム。約30ブランド・1600種類のアイテムを試せるほか、時期ごとに新製品のポップアップも開催。

☎02-469-8600 ◆城東区峨嵯山路11キル7 ⊙10:30~20:30 休月曜 ◆2号線聖水駅2番出口から徒歩2分 日本語 △ 英語 △ カード ○ @amore_seongsu

聖水

好きな色選ぶと地味パレットになりがち…

自分の肌トーンやメイクのスタイルに合わせて色を選び、スタッフに色を調整してもらえる

HERA カスタムマッチ7万W

リキッドorクッション、マットorツヤを選び、肌トーンを測定。自分にとってベストなファンデーションを見つけられる

---

**9:00**
本粥 明洞店で朝ごはん
↓ 🚇 2号線15分

**10:30**
AMORE聖水でコスメをカスタム
↓ 🚶 徒歩15分
p.13

**12:00**
Pola at Home、Samuel Smallsで雑貨ハント
🚶 徒歩3分

＋MORE
新オープンのオリヤンへ
↓
p.14

**13:30**
ヌンドンミナリでセリのコムタンを堪能
↓ 🚶 徒歩5分
p.15

**15:00**
CAFE ハラボジ工場でひと休み
↓ 🚇 2号線→7号線23分

**18:00**
GEBANG SIKDANGでカンジャンケジャン
↓ 🚇 水仁盆唐線23分
p.16

**20:30**
スパヘウムで個室アカスリ
↓ 🚇 水仁盆唐線→2号線45分

**23:00**
ホテル着

＋MORE
チキン&ビールで夜食タイム

13

### トレンド感あるキッチングッズをリーズナブルに
# Pola at Home
폴라 앳 홈／ポルラ エッホム

シンプルながら遊び心のあるデザインが効いた「韓国っぽ」な食器やカトラリーを多数そろえるショップ。価格帯も比較的リーズナブルで、箸やスプーンなどはおみやげにも喜ばれそう。

☎02-466-2026 ◆城東区聖水1路10キル11 1F ⏰12:00〜18:30、土・日曜14:00〜 休無休／2号線トゥッソム聖水駅1番出口から徒歩7分
日本語△ 英語△ カード○
@polaathome_store

ひとクセあるデザイン

割れないといいな

聖水

## 12:00 雑貨屋をめぐって感度を高める

### ポップでカラフル、見ているだけで楽しい
# Samuel Smalls
사무엘스몰즈／サムエルスモルジュ

色が特徴的なミッドセンチュリーやヴィンテージを中心にそろえるセレクトショップ。店舗はビルの地下の倉庫のような空間にあるので、宝探し感覚でお気に入りを見つけられそう。

☎02-2135-5655 ◆城東区練武場5カギル25 B107 ⏰11:00〜18:30、日曜13:00〜 休無休／2号線聖水駅3番出口から徒歩3分
日本語× 英語× カード○ @samuel_smalls_

聖水

ポスターやキーリングも

### ✚MORE
**聖水にドデカオリヤンがOPEN！**
2024年11月にOLIVE YOUNGの次世代型店舗がオープン。1階には体験展示やポップアップ、カフェがあり、2〜3階はビューティー＆ヘルスの商品がズラリ。4〜5階は会員専用ラウンジとなっています。

# OLIVE YOUNG N 聖水
올리브영 엔 성수／オルリブヨン エン ソンス

☎02-497-6589 ◆城東区練武場7キル13 ⏰10:00〜22:00 休無休／2号線聖水駅4番出口から徒歩1分
日本語△ 英語△ カード○ @oliveyoung_official

聖水

14

BASIC

## 13:30 噂の味店で、セリ盛り盛りの牛骨スープに舌鼓
マッチプ／ウマイ店

**香り立つ変わり種コムタンが話題**
### ヌンドンミナリ 聖水店
늠동미나리 성수점／ヌンドンミナリ ソンスジョム

韓国の清道郡華岳山で育ったセリをたっぷり使ったメニューがそろう人気店。なかでもセリがのったコムタンは、澄んだ牛肉スープと、セリの爽やかな香りの組み合わせがやみつきに。

☎0507-1488-8183　城東区練武場キル42　10:00〜24:00 (23:30L.O.)　無休　2号線聖水駅4番出口から徒歩4分　日本語△ 英語△ カード○ ⓘ @ndminari

ヌンドンミナリコムタン
1万5000W

週末昼は行列必至

肉チヂミ
2万5000W

混んでるからピークずらそ

---

## 15:00 リノベーションカフェでひと休み

**自動車工場をリノベ!**
### CAFE ハラボジ工場
카페 할아버지공장／カペ ハラボジコンジャン

聖水洞を代表するリノベカフェ「大林倉庫」の創立者がオーナーを務めるカフェ。「ハラボジ」は「おじいさん」の意で、先代へのリスペクトが込められているのだそう。店内のアート作品にも注目。

☎02-6402-2301　城東区聖水2路7ガキル9　11:00〜22:00 (20:00L.O.)　無休　2号線聖水駅3番出口から徒歩6分　日本語△ 英語△ カード○ ⓘ @grandpa.factory

お腹がチャポチャポ

ティラミスロール
8000W

コールドブリューダーティーアインシュペナー
8000W

15

## 18:00 江南エリアに移動して カンジャンケジャンディナー

### 定食形式でひとりごはんの味方
### GEBANG SIKDANG
개방식당／ケバンシッタン

西海岸の瑞山や珍島で収穫したメスのカニだけを使用したケジャンが自慢。カフェのようなスタイリッシュな店内でカウンター席もあるので、ひとりでも入りやすい。

☎ 010-8479-1107 📍江南区宣陵路131キル17 ⏰11:30～21:00（15:00～17:30ブレイクタイム）休日曜 🚇7号線、水仁盆唐線江南区庁駅3番出口から徒歩2分 日本語△×英語△ カード○ @gebangsikdang.official

カンジャン
ケジャン定食
4万3000W
（季節により変動）

ケジャンは
マストすぎ

## 20:30 個室アカスリで 体をピカピカに

### プライベート空間でリラックス
### スパヘウム
스파 헤움／スパヘウム

女性専用の1人用アカスリショップ。施術は全て個室で行われるので、人目を気にせずリラックスできる。完全予約制のため、事前に電話またはカカオトークから予約を。

☎ 02-568-8090 📍江南区彦州路311ローズ1タワー B1F 102号 ⏰8:00～24:00 休無休 🚇水仁盆唐線ハンティ駅7番出口より徒歩12分 日本語△ 英語△ カード○ @heum_spa

MENU
ミルクテラピー
発酵ヨモギコース（85分）
13万2000W
ミルクボディスクラブ→ボディアンブル（美容液）によるケア→保湿ケアマッサージ→ヘアケア→フェイシャルケア

ハンティ

これで明日から
体ツルピカ

### ➕ MORE

ホテルに帰って치멧(チメッ)！

チキンとビール（メッチュ）の組み合わせは「チメッ」といって、韓国の夜食の大定番。ホテル近くにあるチキン店でテイクアウトをして、ホテルの部屋で禁断の夜食タイムをどうぞ。

オーブネッパジンタッ p.23へ

16

# Day 3　伝統と革新を帰国ギリまで満喫

BASIC

## 7:30　気合いで早起き！ロンベミュを　ウェイティング

### 今も行列が絶えない人気店
**LONDON BAGEL MUSEUM 安国店**
런던베이글뮤지엄 안국점／ロンドンベーグルミュジオム アングッジョム

韓国でのベーグルブームの火付け役となったベーグル店。ネギとニラをクリームチーズで合わせるなど、韓国的な味付けの個性派ベーグルを味わえる。スープと一緒に食べれば、大満足の朝食に。

ベーグル 3800W〜

📍鍾路区北村路4キル20　🕖8:00〜19:00　休無休　🚇3号線安国駅2番出口から徒歩4分　日本語◯　英語◯　カード◯　📷@london.bagel.museum

## 9:30　歴史ある北村韓屋村を散歩する

### 韓屋のディテールを楽しんで
**北村韓屋村**
북촌한옥마을／プッチョンハノンマウル

朝鮮時代から残る韓国の伝統家屋、韓屋（ハノッ）が立ち並ぶエリア。朝鮮時代には主に王族や両班（ヤンバン）といった貴族が住んでおり、格式の高い家屋が今も残っている。勾配があるので、歩きやすい靴で。

📍鍾路区桂洞キル37　🚇3号線安国駅2番出口から徒歩7分

---

**7:30**
LONDON BAGEL MUSEUMにオープンラン

↓　👣徒歩5分

**9:30**
北村韓屋村で歴史散歩
↓　👣徒歩5分

p.17
p.18

**10:30**
LOW ROOFで韓屋を眺めながらティータイム
↓　👣徒歩10分

**11:30**
黄生家カルグクスで食べおさめ

↓　ホテルに戻り荷物をPICK UP
↓　🚇4号線5分

p.19

**14:00**
ロッテマートで食みやげ購入

↓　👣徒歩5分

**15:00**
FOCAL POINTで休憩
↓　👣徒歩5分

**16:00**
空港鉄道に乗車
↓　🚆空港鉄道43分

**17:00**
仁川空港到着

# 10:30 韓屋を見ながらゆったり一息

### 市の文化財の美しい韓屋に隣接
## LOW ROOF
로우루프／ロウルプ

築約100年、市の文化財にも指定されている揅謙斎（フィギョムジェ）に隣接するカフェ。カフェ自体はモダンなインテリアだが、店内の窓やテラス席から美しい韓屋を眺めることができる。

☎02-747-0709　鍾路区北村路46-1　10:00～20:00（19:30L.O.）休月曜　3号線安国駅2番出口から徒歩6分　日本語×　英語△　カード

@cafe_lowroof

アプリコット
ゴルゴンゾーラ
フィナンシェ
3400W

ヨモギユズムース
8500W

### ➕ MORE
**韓屋×コスメ急増中!?**
北村韓屋村周辺には、話題のコスメショップの実店舗もちらほら。韓屋と融合したインテリアも楽しみながらショッピングするのもおすすめ。

p.23へ

北村

---

# 11:30 ミシュラン掲載店で食べおさめ

サゴルカルグクス
1万2000W

ワンマンドゥ
1万2000W

### 手打ち麺にスッキリスープ
## 黄生家カルグクス
황생가칼국수／ファンセンガカルグクス

ランチタイムにはソウルっ子と観光客であふれるカルグクスの名店。手打ち麺は適度なコシがあり、あっさりとした牛骨スープに、甘辛い薬味で炒めた牛肉がポイントに。お店で手作りされているワンマンドゥ（餃子）も人気メニュー。

☎02-739-6334　鍾路区北村路5キル78　11:00～21:30（20:40L.O.）休無休　3号線安国駅1番出口から徒歩10分　日本語○　英語×　カード○

北村

牛のダシが効いてらぁ

BASIC

## 14:00 かさばる食みやげは最後にまとめ買い！

### 人気の食みやげはココで
**ロッテマート ZETTAPLEX ソウル駅店**
롯데마트 제타플렉스 서울역점／ロッテマトゥ ジェタプルレクス ソウルヨッジョム

ソウル駅に隣接する大型マート。食品だけでなく日用品や化粧品までそろう。2023年9月にロッテマートの未来型マート「ZETTAPLEX」へとリニューアルオープンし、さらにパワーアップ。

☎02-390-2502 ◉中区漢江大路405 ⏰10:00〜24:00（最終入店23:45）休第2・4水曜 🚇1・4号線、空港鉄道ソウル駅1番出口から徒歩2分 日本語△ 英語○ カード○

ソウル駅

スーツケースも保管OK！

増えすぎた荷物はEMSで送れる！

## 15:00 駅チカカフェなら空港鉄道ギリギリまで満喫

### 店内仕込みのパイが絶品
**FOCAL POINT**
포컬포인트／ポコルポイントゥ

食事系から甘いものまで、世界各国をイメージした13種類のパイがずらりと並ぶ。人気はプルコギ味のソウルパイ6500W。パイは朝8時から9時半の間に順次焼き上がる。ソウル駅の空港鉄道側に位置し、アクセスのよさも魅力。

☎0507-1384-7336 ◉龍山区青坡路387 ⏰7:30〜22:00（21:30L.O.）休無休 🚇1・4号線、空港鉄道ソウル駅1番出口から徒歩2分 英語○ カード○ 📷@focal.point.official

チェスナットアールグレイパイ 6000W

ソウル駅

ざっくりルートをおさらい

景福宮
安国 Day3 7:30〜11:00
拠点
東大門 Day1 20:00〜
明洞 Day1 16:00〜18:00
ソウル駅 Day3 14:00〜15:00
Nソウルタワー
聖水 Day2 10:30〜15:00
汝矣島
仁川空港
漢江
江南区庁 Day2 18:00
ロッテワールドタワー
ハンティ Day2 20:30

0 1 2 3km

# キホンの2泊3日
## 入れ替えSPOTアイデア

P.11〜19のモデルコースのなかで紹介した物件と同エリアにある物件を紹介。アイコンは何日目(Day○)の何時(00:00)の物件と入れ替えられるかを示しています。

### Day 1 16:00

**フロアガイド**
| | |
|---|---|
| 12F | ファッション・旅行・シーズン商品 |
| 11F | 工具・カー用品・手芸 |
| 10F | 園芸・造花・ペット |
| 9F | キャンプ・スポーツ |
| 8F | 浴室・掃除・洗濯 |
| 7F | インテリア・収納 |
| 6F | 台所用品・陶磁器 |
| 5F | 食品・使い捨て用品 |
| 4F | キャラクター・子ども用品・パーティ |
| 3F | 文具・デジタル・ラッピング |
| 2F | 美容・アクセサリー |
| 1F | シーズン商品・お会計 |

注目はこのフロア！

#### 12階建ての巨大店舗
**ダイソー 明洞駅店**
다이소 명동역점／ダイソ ミョンドンヨッジョム

2017年6月オープン。1〜12階までの大型店舗で、とにかくなんでもそろうのが魅力。商品の値段は均一ではなく、1000〜5000W程度と商品によって異なるので注意。

☎1522-4400　中区退渓路134-1
10:00〜22:00　無休　4号線明洞駅1番出口から徒歩1分　日本語× 英語△ カード○ @daisolife

明洞

▶ Play ダイソーセルフレジのシミュレーション

---

### Day 1 18:00

参鶏湯 1万9000W

#### 1971年創業の老舗
**長安参鶏湯**
장안삼계탕／チャンアンサムゲタン

オフィス街に佇む老舗の参鶏湯店。平日のお昼時は近隣の会社員が多く足を運ぶ。弾力のある鶏肉とあっさりしたスープが特徴。

☎0507-1302-5834　中区世宗大路18キル8
9:00〜21:00(20:30L.O.)　無休　1・2号線市庁駅7番出口から徒歩1分　日本語△ 英語× カード○

市庁

---

### Day 1 20:00

#### グローバルブランドまで幅広く
**DOOTA MALL**
두타몰／ドゥタモル

東大門を代表するファッションビル。レディースファッション中心だが、地下2階にはフードコート、4階にはスーパーなどもあって万能。

☎02-3398-3333　中区獎忠壇路275
10:30〜24:00(店舗により異なる)　無休　1・4号線東大門駅8番出口から徒歩3分　日本語△ 英語△ カード○ @doota_official

東大門

BASIC

### Day 2 13:00

**Torriden Connect聖水企画セット**
定価6万7000W→3万7000W
ダイブインセラム70ml、ダイブインクリーム80ml、バランスフル角質トナー50ml×2個のお得なセット

店内には映えスポット満載
## Torriden connect 聖水
로리든 커넥트 성수／トリドゥン コネクト ソンス

日本でも人気のスキンケアブランドTorridenの旗艦店。1階がレセプション、2階が商品を実際に試すことのできるゾーン、3階でのコンテンツ体験をすればフリーギフト贈呈。

☎070-7733-0407 ♥城東区聖水2路7カギル17 ⏰11:00～20:00 休無休 🚇2号線聖水駅3番出口から徒歩5分 日本語△英語△ △ カード ○ @torriden_connect

聖水

### Day 2 12:00

印刷所をリノベーション
## Innisfree THE ISLE
이니스프리 디아일／イニスプリ ディアイル

innisfreeが運営する、カフェ併設のショップ。多様な商品を試せるのはもちろん、パスポート提示で最大30％オフというお得な特典も。

☎02-465-9788 ♥城東区聖水2路2カギル11 ⏰11:00～20:00 休無休 🚇2号線聖水駅3番出口から徒歩6分 日本語○英語△カード○
@innisfreeofficial

聖水

### Day 2 15:00

グルメ＆ショッピングの複合空間
## 聖水連邦
성수연방／ソンスヨンバン

ソウルで人気のショップやレストラン、OLIVE YOUNGも入店。3階のカフェ「天上家屋」は、日が差し込む開放的な空間で、SNSで話題。

♥城東区聖水二路14キル14 ⏰10:00～22:00 休無休 🚇2号線聖水駅3番出口から徒歩5分 日本語×英語△カード○ ○
@seongsu_federation

聖水

## Day 2 12:00

### コスメ売り場も見逃せない
**Rest & Recreation 聖水**
레스트앤레크레이션 성수／
レストゥエンレクリエイション ソンス

カジュアルながら、ひとくせ効いたデザインが人気を集めるアパレルショップ。1階には新たに立ち上げたコスメも並び、商品を試すことができる。

☎0507-1492-7841 ● 城東区往十里路6キル35 ⊙11:00～19:30 休無休 ⊡2号線トゥッソム駅5番出口から徒歩4分
日本語× 英語△ カード○
@rr_restandrecreation

---

## Day 2 12:00

### パリを感じるライフスタイルショップ　聖水
**JANE MARCH MAISON**
제인마치메종／ジェインマチメジョン

フレンチなムードが漂う食器やキッチン小物を扱うショップ。繊細な絵柄のお皿が人気。

☎02-547-3217 ●城東区聖水一路3キル8 ⊙11:00～18:00、日曜12:00～ 休無休 ⊡水仁盆唐線ソウルの森駅1番出口から徒歩6分 日本語× 英語△ カード○
@janemarch_maison

## Day 2 12:00

### K-文具の奥深き世界へ　聖水
**monami store 聖水店**
모나미스토어 성수점／モナミストオ ソンスジョム

韓国を代表する文具ブランド。1000WでボールペンをDIYできるコーナーが人気。

☎02-466-5273 ●城東区峨嵯山路104 ⊙10:00～21:00、第3月曜12:00～ 休無休 ⊡2号線聖水駅4番出口から徒歩1分 日本語× 英語△ カード○ @monami_official

---

## Day 2 13:30

### 1人前OKのカムジャタン　聖水
**ソムンナン聖水カムジャタン**
소문난성수감자탕／ソムンナンソンスカムジャタン

開店前から行列ができるカムジャタン店。カムジャグッ1万2000Wは1人前サイズ！

☎02-465-6580 ●城東区練武場キル45 ⊙24時間 休無休 ⊡2号線聖水駅4番出口から徒歩4分 日本語× 英語△ カード○

## Day 2 15:00

### onionはここから始まった!　聖水
**onion 聖水**
어니언 성수／オニオン ソンス

工場をリノベーションした無機質な空間が味わい深い。個性あふれるパンを味わいたい。

☎0507-1386-3238 ●城東区峨嵯山路9キル8 ⊙9:00～22:00 (21:30L.O.) 休無休 ⊡2号線聖水駅4番出口から徒歩1分 日本語× カード○ @cafe.onion

BASIC

### Day 2 18:00

ユッケ入り新感覚キンパ　　　狎鴎亭

**DOSAN BUNSIK 島山公園店**
도산분식 도산공원점／トサンブンシットサンコンウォンジョム

粉食を現代風にアレンジ。ピリ辛のユッケが入ったキンパ9500Wなど。

☎0507-1479-5061　📍江南区島山大路49キル10-6　🕐11:30～20:30(15:00～17:00ブレイクタイム、30分前L.O.)　休無休　🚇水仁盆唐線狎鴎亭ロデオ駅5番出口から徒歩6分　日本語×　英語○　カード○　@dosanbunsik

### Day 2 +MORE

揚げてないから罪悪感なし!?　　明洞

**オーブネッパジンタッ 明洞店**
오븐에빠진닭 명동점／オブネパジンタッ ミョンドンジョム

通称「オッパダッ」の人気店。油で揚げずにオーブンで焼き上げたチキンを楽しめる。

☎02-3789-5892　📍中区明洞7キル21　🕐14:00～翌2:00　休無休　🚇2号線乙支路入口駅5番出口から徒歩2分　日本語△　英語○　カード○　@oppadak_

### Day 3 9:30～

ソウルで最も古い韓屋村　　益善洞

**益善洞韓屋村**
익선동한옥마을／イクソンドンハノンマウル

お店は11時頃からの開店が多いが、街並みを見ながら散歩するだけでも楽しめる。

📍中区益善洞　🚇1・3・5号線鍾路3街駅4番出口から徒歩2分

### Day 1 +MORE

光が差し込む韓屋でコスメを　　北村

**北村 雪花秀の家**
북촌 설화수의 집／プッチョン ソラスエ チッ

老舗ブランド雪花秀のショップ。購入品は伝統のポジャギでラッピングしてもらえる。

☎02-762-5743　📍鍾路区北村路47　🕐10:00～19:00　休月曜　🚇3号線安国駅2番出口から徒歩7分　日本語×　英語○　カード○　@sulwhasoo.official

### Day 3 12:00～

行くならランチ後12:00以降に!

香水とお茶を一挙に楽しめる

**POINTTWOFIVE· SECOND 北村**
포인트루파이브세컨드 북촌／ポイントゥトゥパイブセコンドゥ プッチョン

新進気鋭の香水ブランド。2階は同ブランド運営のTEA・THOLOGYというティーサロン(要予約)。個性的なお茶の香りも楽しむことができる。

☎0507-1392-9869　📍鍾路区尹潽善キル71　🕐12:00～19:00　休無休　🚇3号線安国駅1番出口から徒歩6分　日本語△　英語○　カード○　@025s.official

北村

23

theme

# OLIVE YOUNGを
## 200%活用したいのです。

## 店員さんたちって
## 何を叫んでるの？

OLIVE YOUNGの店内では店員さんが定期的に何かを叫んでいる…。あれは「안녕하세요 올리브영입니다~. 필요하신 것 있으시면 말씀해 주세요~. ／こんにちはオリーブヤングで~す。必要なものがあればおっしゃってくださ～い。」と言っています！

## メイクアイテム、
## テスターしかなくない？

メイクアップアイテムは棚にテスターが並んでいるものの、肝心の現品はいずこ…？ OLIVE YOUNGでは欲しい商品を店員さんに告げ、棚の中から取り出してもらう必要があります。ちなみに勝手に棚を開けて取り出すと怒られることもあるので注意！

- 希望の商品のテスターを取る
- 店員さんを探して声をかける
- 이것 하나 주시겠어요?
  イゴッ ハナ ジュシゲッソヨ?
  これひとつください ますか？
- 現品を出してもらう
- お会計

 ▶ Play
オリヤンのシミュレーション

## お会計時に
## 何か聞かれる問題

商品を受け取り、いざ会計！ レジに行くと店員さんが矢継ぎ早に何かを言ってくる…。あれなんて言ってるの!? という人も多いのでは。基本的には有料袋は必要か、ポイントを貯めるか、交換・返金についてのアナウンス。ひと言でOKなので返事をするとスムーズです。

- 봉투 100원인데 필요하세요?
  ポントゥ ペグォニンデ ピリョハセヨ?
  袋100Wですが必要ですか？
- 네／아니요
  ネ／アニヨ
  はい／いいえ
- 적립 도와드릴까요?
  チョンリプ トワドゥリルッカヨ?
  ポイント貯めますか？
- 아니요
  アニヨ
  いいえ
- 교환・환불은 영수증 상단을 확인해 주세요.
  キョファン・ファンブルン ヨンスジュン サンダヌル ファギネ ジュセヨ
  交換・返金はレシートの上段を確認してください
- 네~
  ネ~
  は～い

## 年4回のセールを
## 見逃すべからず

OLIVE YOUNGでは年4回、最大70%オフのビッグセールが行われます。例年3・6・9・12月あたりですが、Instagramなどで確認を。だいたいQoo10のメガ割と時期が重なっているので、その時期に渡韓する場合は、価格を比較しながら賢くショッピングするのがいいでしょう。

まるっと半日〜一日分入れ替え可能！

# Custom Plan
カスタムプラン

食やショッピングから
ロケ地めぐりまで、
ひとつのテーマに沿った
半日〜一日のプランを紹介。
キホンの2泊3日へ
まるごと入れ替えもできます。

カスタムルート ①

# 王道から話題まで 鉄板食ルート

ソウルに行くなら、やっぱり外せないのはグルメ。
定番の韓国料理から話題のグルメまで味わいつくすルートです。

**所要 1日**

**☑ お腹のキャパと 相談して 無理は禁物！**

いっぱい食べるぞーと気合を入れていっても、ひとりでは思いの外食べられない。これは絶対食べる！と決めているメニュー以外は無理せずカットして、また次回行こうぜ！

**☑ 食べた分は 歩いて消化！**

すでに腹パンだけどもっと食べたい（泣）という人は歩くべし！
意外と地下鉄1駅分は余裕で歩けるよ。

# Custom for EAT

ヨーグルトだからと
ナメてると
めっちゃお腹たまるやつ

# 8:00
今話題の
**グリークヨーグルト**で
ヘルシー朝ごはん

リアル
ストロベリー
1万8500W

**童話のような世界観でヨーグルト&ベーカリー**
## DOTORI GARDEN 安国店
도토리가든 안국점／ドトリガドゥン アングッジョム

ドトリは韓国語で「どんぐり」。店内は童話の世界のような空間。乳酸菌専門家とタイアップしたヨーグルトのほか、どんぐりの形のマドレーヌ4300Wも人気メニュー。

☎0507-1476-1176 鍾路区桂洞キル19-8 8:00～23:00 無休 3号線安国駅3番出口から徒歩3分 日本語△ 英語○ カード○ @dotori__seoul

# 9:00 穴場な 歴史的建築 を楽しむ

**婚礼の再現行事も見どころ**
## ソウル雲峴宮
서울운현궁／ソウルウニョングン

朝鮮時代末期の政治家、興宣大院君の私邸。息子の第26代王、高宗の結婚式「嘉礼（ガレ）」の再現行事が4月と9月に行われ、当時の盛大な儀式の様子を目にすることができる。

☎02-766-9090 鍾路区三一大路464 4～10月9:00～19:00（最終受付18:30）、11～3月9:00～18:00（最終受付17:30） 月曜 3号線安国駅4番出口から徒歩1分 無料 日本語△ 英語○

都会の喧騒を
忘れられて
チルい

---

## Custom
### Eat

**8:00** 🍴
DOTORI GARDENで
グリークヨーグルト

↓ 徒歩6分

**9:00**
ソウル雲峴宮で邸宅見学

↓ 5号線2分

p.27
p.28

**10:00** 🍴
広蔵市場で
屋台グルメをチェック

**12:00** 🛍
市場内の365イルジャンで
おみやげ探し

↓ 🚕 タクシー10分

p.29
p.30

**13:00** 🍴
木覓山房で
ヘルシービビンバ

↓ 4号線7分

**14:00**
話題のエリア
新龍山を散策

↓ 徒歩9分

**16:00** 🛍
AMORE龍山で
コスメGET

↓ 4号線3分

**18:00** 🍴
クルクルトントンで
ひとりギョプサル

↓ 🚌 (152または100) 15分

**20:00** 🍸
乙支路のレトロなバーで
一杯

## 10:00 広蔵市場を味わい尽くす！

竹下通りレベルに混むので強い気持ちでいこ！

### 100年以上の歴史をもつ
### 広蔵市場
광장시장／クァンジャンシジャン

ソウル最古の常設市場。グルメだけでなく、韓服、布団、生鮮食品などなんでもそろう。支払いは現金が基本なので両替を忘れずに。ソウルっ子の中でも人気が再燃しており、週末午後は非常に混むので心して臨んで。

☎02-2267-0291 📍鍾路区昌慶宮路88 ⏰店舗により異なる 休日曜 🚇1号線鍾路5街駅7番出口から徒歩1分 日本語△ 英語△ カード△

鍾路

ウマいものの横にウマいもの！

Custom
Eat

## 広蔵市場 TO EAT LIST

クァベギはどんなに並んでも食べる派！

**빈대떡** ピンデトッ
緑豆のチヂミ。たまねぎソースが美味

**꽈배기** クァベギ
揚げたてモッチモチのねじりドーナツ

**보리밥** ポリパッ
野菜たっぷりヘルシー麦飯

**육회** ユッケ
市場内の「ユッケ通り」で新鮮生肉！

**칼국수** カルグクス
ほっこり温まる辛くないうどん

**마약김밥** 麻薬キンパ
クセになる味わいからこの名前

### + MORE
#### HOTな2店舗で休憩を
市場では基本的に食べ歩きか、屋台の座席に座って飲食をすることに。一旦カフェで落ち着きたい！というときは下記の2軒がおすすめです。

ヘーゼルナッツラテ 5000W
ペスチュリーパイ 4000W
🔄 onion 広蔵市場　p.32へ

味噌キャラメルブラウニー 7000W
🔄 Public Garden　p.32へ

---

## 12:00 市場内のおしゃ雑貨店で おみやげ探し

スタイリッシュな「韓国っぽ」が見つかる
### 365イルジャン
365일장／サムユゴイルジャン

「商人との共存、市場の再発見」をテーマに掲げたショップ。市場の名物グルメをモチーフにしたポップなオリジナルグッズや、韓国各地の伝統酒、特産品を多数取り扱う。

☎0507-1418-0469　📍鍾路区鍾路32キル21　🕙10:30～19:00　休無　🚇1号線鍾路5街駅7番出口から徒歩1分　日本語 △　カード ○　@365 iljang

鍾路

myaoはビビンパ柄のマスキングテープ買いました

## 13:00 具材たっぷりの名品ビビンバを堪能

**ミシュラン3年連続受賞の本格派**

### 木覓山房
목멱산방／モンミョッサンバン

店名は南山の旧名「木覓山」に由来。化学調味料不使用のビビンバは素朴な味。もともと山菜のお店だったので、ビビンバに使用するナムルには自信あり！ おひとりさまでも安心の1人前提供。

☎02-318-4790 📍中区退渓路20キル71 🕐11:00～20:00 (19:20L.O.) 休無休 🚇4号線明洞駅1番出口から徒歩8分 日本語× カード○

**南山**

ユッケビビンバ 1万4500W

### 食べてみた🥢

別皿のナムルをご飯にのせる → コチュジャンをお好みの量入れる → しっかり混ぜる！ → 最後にユッケをのせていただきます！

---

## 14:00 話題の핫플(ハップル／HOT PLACE)、新龍山を探検

**写真がテーマの雑貨と本を**

### pixel per inch
픽셀 퍼 인치／ピクセル ポ インチ

「写真」をテーマにセレクトされた雑貨や出版物がずらりと並ぶ独立書店。韓国の写真家による写真集は、韓国語がわからなくても見ていて楽しめる。日常の解像度を上げてくれる。

☎0507-1336-7403 📍龍山区漢江大路54キル7 301号 🕐13:00～19:00 (土・日曜～19:30) 休月曜 🚇4号線三角地駅3番出口から徒歩1分 日本語× カード○ 📷@pixel.per.inch

**龍山**

フィルムを使ったキーリング

カード 各3500W
キーリング 2万5000W

このエリアをぐるりとめぐるなら p.96へ

Custom
Eat

## 16:00 韓国コスメの総本山で美を極める

**コスメだけでなく美術館も**
### AMORE 龍山
아모레 용산/アモレ ヨンサン

イギリス人建築家が手掛けた建物も一見の価値あり

韓国の大手化粧品メーカー、AMOREPACIFICの本社。3階までは一般にも開放されていて、2階のショップではETUDEやHERAなどの人気ブランド商品を購入可。地下1階には美術館もあり。

☎02-6040-2557 📍龍山区漢江大路100 AMOREPACIFIC世界本社 ⏰10:30～19:00 休無休 🚇4号線新龍山駅1・2番出口直結 日本語× カード○

龍山

## 18:00

サムギョプサルひとりで食べられるのは夢すぎる…！

**ひとりサムギョプサルを諦めない！定食スタイルなら可能！**

**焼いて出てくる1人前サムギョプサル**
### クルクルトントン 淑大本店
꿀꿀돈돈 숙대본점/クルクルトントン スッデボンジョム

野菜に包んで！

トゥンドゥンサムギョプ(300g)
1万3900W

名門女子大・淑明女子大学校のお膝元に位置。サムギョプサルを、1人前で提供してくれる。肉の量も選ぶことができ、200gのカンタンサムギョプ9900Wはご飯がセット。包み野菜などは追加で注文。

☎02-711-2187 📍龍山区青坡路47キル52 ⏰10:45～21:00 (20:45L.O.) 休土曜 🚇4号線淑大入口駅9番出口から徒歩8分 日本語× カード○

淑大入口

## 20:00 ヒップなBARで〆の一杯

**レトロ喫茶をリノベ**
### Ace Four Club
에이스포클럽/エイスポクルロブ

今日のフルーツカクテル
2万W

SIREN DOGAM
1万9000W

60年の伝統を誇る梨花茶房(茶房は日本でいう純喫茶)があった場所に誕生したバー。フルーツカクテルやウイスキー、簡単なフィンガーフードと素敵な音楽を提供してくれる。

☎0507-1318-9733 📍中区乙支路105 2F ⏰17:00～翌1:00、金～日曜～翌2時 休無休 🚇2・3号線乙支路3街駅1番出口から徒歩1分 日本語△ カード○ @acefourclub

乙支路

「わたし、バー慣れてるんで」って顔してると入りやすいよ

31

## カスタムルート ①
## 入れ替えSPOTアイデア

P.27〜31のモデルコースのなかで紹介した物件と同エリアにある物件を紹介。アイコンは何時(00:00)の物件と入れ替えられるかを示しています。

---

### 8:00

**駅直結でアクセス◎**
# ARTIST BAKERY
아티스트베이커리／アティストゥベイコリ

LONDON BAGEL MUSEUM(P.17)の姉妹店。バターの風味が広がる塩パン3800W〜。ウェイティングは店頭のQRコードから可能。

📍鍾路区栗谷路45 ⏰8:00〜20:00 休無休 🚇3号線安国駅1番出口から徒歩1分 日本語○ 英語○ カード○ IG @artist bakery

安国

---

### 10:00

**市場の居抜きにおしゃカフェ誕生**
# onion 広蔵市場
어니언 광장시장／オニオン クァンジャンシジャン

onionの4号店で、テーマはノスタルジア。プラスチック製の椅子など市場らしい要素が取り入れられている。焼き立てのパイが看板メニュー。

📞0507-1429-0934 📍鍾路区清渓川路215 ⏰11:00〜19:00、20:00〜翌2:00 休無休 🚇1号線鍾路5街7番出口から徒歩1分 日本語× カード○ IG @cafe.onion

鍾路

---

### 10:00

**隠れ家的なルーフトップカフェ**
# Public Garden
퍼블릭가든／ポブリッガドゥン

銀行などが入るビルの屋上に放置されていた倉庫をチルなカフェに。歩き疲れたときの休憩場所にぴったり。暖かい季節にはテラス席で。

📞0507-1375-3402 📍鍾路区清渓川路199 4F ⏰10:00〜21:00 休無休 🚇2・5号線乙支路4街駅4番出口から徒歩4分 日本語× 英語○ カード○ IG @publicgarden.seoul

鍾路

---

### 13:00

**ヘルシーなポリパッを楽しめる**
# East Village Seoul 光化門店
이스트빌리지서울 광화문점／イストゥビルリジソウル クァンファムンジョム

韓国料理を現代的に再解釈。麦ご飯にナムル、味噌をのせて野菜で包んで食べるポリパッ1万3000Wはヘルシーだけどボリューム満点。

📞02-3789-0209 📍中区世宗大路136 B1F ⏰11:00〜21:30 休無休 🚇5号線光化門駅5番出口から徒歩2分 日本語× 英語△ カード○ IG @east_village.seoul

光化門

Custom
Eat

飲食店はブレイクタイムに注意して訪問!

**18:00**

### 1人前の定食がバリエ豊富
## トマ 仁寺洞店
도마 인사동점／トマ インサドンジョム

定食スタイルでお肉を食べられる。定食についてくるチゲはトウガラシたっぷり。おすすめはイベリコ豚モクサル(首肉)セット1万6000W。

☎02-733-9376 ◎鍾路区仁寺洞8キル6-1 ⏰11:30〜21:00(14:50〜17:00ブレイクタイム) 休無休 ⑤3号線安国駅5番出口から徒歩5分 日本語 △ カード

 仁寺洞

**18:00**

### 焼き肉が1人前から注文可
## クムテジ食堂
금돼지식당／クムテジシッタン

国内外のテレビで多数取り上げられる、サムギョプサルの名店。看板メニューはポンサムギョプ1人前1万9000W。1人前からの注文OK!

☎0507-1307-8750 ◎中区茶山路149 ⏰11:30〜23:00(22:15L.O.) 休無休 ⑤3・6号線薬水駅2番出口から徒歩3分 日本語 × 英語 カード ◎@gold_pig1982

 薬水

**18:00**

### 新鮮野菜を思う存分摂取
## 多菜 東大門店
다채 동대문점／タチェ トンデムンジョム

おひとりOKな定食スタイル。新鮮な野菜を好きなだけ取れる「Green Bar」つき。メニューはジェユッ(豚肉炒め)サムパプ定食2万2000Wなど。

☎02-2231-3392 ◎中区馬路1カギル23 9F ⏰10:00〜22:00(20:30L.O.) 休日曜 ⑤1・4号線東大門駅4番出口から徒歩5分 日本語 △ 英語 ○ カード

 薬水

**20:00**

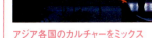

### アジア各国のカルチャーをミックス
## aff seoul
엡 서울／エブ ソウル

アジア各国の屋台料理をベースとした、エキゾチックなアジアンダイニング&ワインバー。アジアン料理とワインのマリアージュを楽しみたい。

☎0507-1345-5032 ◎中区水標路42-21.4〜5F ⏰17:30〜23:50、金・土曜17:00〜 休日月曜 ⑤2・3号線乙支路3街駅11番出口から徒歩2分 日本語 × 英語 カード ◎@aff_seoul

 乙支路

カスタムルート ②

# 写真映え保証！
# 話題のカフェルート

飲食店の中でもひとりでいくらでも入れるのがカフェ。
個性豊かなカフェをまわってお気に入りの1軒を見つけたい！

所要 **1日**

☑ **レジで注文＆先会計が基本。まずは席取りを**
カフェのオーダーはレジで、先会計が基本。最近はキオスクでセルフ注文スタイルも増えている！

☑ **お腹チャポチャポ、トイレを確保！**
小さなカフェなどはトイレがないことも。困ったら地下鉄駅or商業施設のトイレを利用！

Custom for Cafe Hopping

## 7:00 早起きして映え韓屋カフェへ

平日が狙い目

韓屋で味わう本格パン
### onion 安国
어니언 안국／オニオン アングッ

大規模な韓屋をリノベした店内には、お店で焼き上げるパンのいい香りでいっぱい。開店前に並ぶ人も多いので、早めの来店が賢明。

☎0507-1424-2123
📍鍾路区桂洞キル5
🕐7:00～22:00、土・日曜9:00～（21:30L.O.）
休無休 🚇3号線安国駅3番出口から徒歩3分 日本語 △ カード ○
📷@cafe.onion

安国

ベリーソーダ 8000W
パンドール 6000W

## 9:00 ほっこり優しいタラのスープで朝食

武橋洞プゴクッチッ p.112へ

聖水に移動じゃー

## 10:30 アパレルブランド運営のポップなカフェへ

ひとクセ効いたインテリア
### TONGUE SEONGSU SPACE
텅 성수 스페이스／トン ソンス スペイス

人気アパレルブランドADERERRORが手掛けるカフェ。店内はミッドセンチュリーな雰囲気の空間や、ゆっくりできるベッド型の座席も。

☎02-498-1113 📍城東区聖水二路82 2F
🕐10:00～21:00（20:30L.O.）休無休 🚇2号線聖水駅3番出口から徒歩4分 日本語 △ 英語 ○
○ カード ○ 📷@tongue_space

ブルーカリビアン 9600W
絵文字ケーキ 1万4000W

聖水

## 11:30 MADE IN KOREAな文具を物色

monami store p.22へ

---

## Custom Cafe

**7:00** 🚇
onion安国で韓屋を堪能
↓ 🚈 3→2号線17分

**9:00** 🍴
武橋洞プゴクッチッで朝ごはん
↓ 🚈 2号線19分

**10:30** ☕
聖水のTONGUE SEONGSU SPACEへ
↓ 🚶 徒歩5分

**11:30** 🛍
monami storeで文具探し
↓ 🚶 徒歩2分
　　　　　　　p.35

**12:00** ☕　　　p.36
Magpie & Tiger 聖水ティールームでお茶を楽しむ
↓ 🚶 徒歩4分

**13:00** 🍴
ソムンナン聖水カムジャタンで1人前鍋
↓ 🚈 2→5号線46分

**14:30** ☕
チェグロから漢江を見下ろす
↓ 🚕 タクシー25分

**16:00** ☕
Antique Coffeeでスイーツ三昧
↓ 🚶 徒歩13分

**17:00** 🛍
object sanggaでオリジナルアイテム作り
↓ 🚶 徒歩15分
　　　　　　　p.37
　　　　　　　p.38

**18:00** 🍴
ソルソッで釜飯ディナー
↓ 🚶 徒歩10分

**19:30** ☕
Perlenで夜カフェ

明るい店内が気持ちいい

ヨモギ茶
8000W

バスクチーズ
7800W

※現在はプレーンのみ販売

## 12:00 奥深いお茶の世界を堪能

開放感ある空間で厳選茶葉を楽しむ

### Magpie & Tiger 聖水ティールーム

맥파이앤타이거 성수티룸／メグパイエンタイゴ ソンスティルム

韓国をはじめとした東アジアのお茶が数多くそろう。聖水の街を眺められる全面ガラス張りの開放的な空間も魅力的。座席にコンセントあり。

☎0507-1306-1629 📍城東区聖水2路97 5F 🕐12:00〜21:30 休無休 2号線聖水駅3番出口から徒歩1分 日本語 カード ◯ @magpie.and.tiger

聖水

---

窓際席は競争率高め

窓からは汝矣島が

## 13:00 1人前OK！な カムジャタンランチ

ソムンナン聖水カムジャタン
p.22へ

## 14:30 漢江ビューの ブックカフェで憩う

広々空間が気持ちいいブックカフェ

### チェグロ

채그로／チェグロ

窓の外にダイナミックな漢江と麻浦大橋が広がるビューマッチブ（景色が自慢の店）。フロアごとに利用用途や雰囲気が異なる。

☎0507-1341-0325 📍麻浦区麻浦大路4ギル31 2,6,8,9F 🕐9:30〜21:30 休無休 5号線麻浦駅4番出口から徒歩8分 日本語 カード ◯ @check_grow

麻浦

Custom Cafe

16:00 見ているだけでワクワク♡
スイーツに囲まれる

ずらりと並ぶスイーツは圧巻
### Antique Coffee 延南店
앤티크커피 연남점／エンティクコピ ヨンナムジョム

テーマは「人と人がつながる空間」のヨーロッパ風カフェ。大理石の台に並ぶ色とりどりのスイーツは見た目だけなく味も格別。

☎0507-1401-0508 📍麻浦区延禧路25-1
🕙10:00～22:00 休無休 🚇2号線・空港鉄道・京義中央線弘大入口駅3番出口から徒歩6分 日本語 △ カード ◯ @antique__coffee

延南洞

17:00 自分だけのオリジナル
アイテムをDIY

数百を超えるワッペンがズラリ
### object sangga
옵젝삼가／オブジェッサンガ

人気雑貨セレクトショップobject（P.126）が手掛けるワッペン専門店。数百種類のワッペンを選んでキーホルダーやポーチなどをDIY可能。

☎02-323-7778 📍西大門区延禧マッ路23 2F 🕙12:00～20:00（最終入場19:30）休 第1・3月曜 🚇2号線・空港鉄道・京義中央線弘大入口駅3番出口から徒歩20分 日本語 × カード ◯ @object_sangga

延禧洞

土台となるアイテムと好きなワッペンを選ぶ

位置を伝えればお店の人がアイロンで接着してくれる

完成！

迷いすぎて
ゲシュタルト崩壊

37

## 18:00 ここだけの釜飯が夜ごはん

うなぎ釜飯 2万6000W
鯛&ホタテ釜飯 1万8000W
肉系メニューもあるヨ

**バリエ豊富な釜飯の人気店**

### ソルソッ 延南店
솔솥 연남점／ソルソッ ヨンナムジョム

ソウル市内に店舗拡大中の人気釜飯チェーン店。豪快に具材が盛り付けられた釜飯は目でも楽しめる。おひとりさまは窓際のカウンター席を狙って。

☎0507-1340-5846 📍麻浦区東橋路38キル35 ⏰11:30〜21:00 無休 2号線・空港鉄道・京義中央線弘大入口駅3番出口から徒歩5分 日本語× 英語△ カード○
@solsot_yeonnam

 延南洞

---

## 19:30 バー感覚で楽しめるChillな夜カフェへ

ペアリングコース 4万2000W

写真は韓国の特産品を使った「Local tour guide」というコース。コースは季節により変動します

江原道のりんごとエルダーフラワープリンのタルト×ゲイシャコーヒー

ヨーグルトとアーモンドのアイスにパッションフルーツクリーム、黒ゴマシート×全羅南道コフンのゆずの皮が香るノンアルコールハイボール

慶尚北道金泉のきのこを使ったクランブルやクリームのスイーツ×名物のウイスキーダッチ

オーク樽で熟成させたウィスキーのような深い味わいのコーヒー、ウイスキーダッチ(ボトル) 3万8000W

**ドリンクとスイーツのマリアージュを**

### Perlen
펠른／ペルン

マスターとの会話でその人好みの一杯を提供。空きがあれば予約なしで入店可能。テーマ性のあるコースメニューが人気を集めている。

☎02-332-9287 📍麻浦区ソンミ山路22キル18 A'棟 ⏰12:00〜21:00 (20:30L.O.) 月曜休 2号線・空港鉄道・京義中央線弘大入口駅3番出口から徒歩9分 日本語× 英語△ カード○
@perlen_official

 延南洞

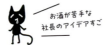

お酒が苦手な社長のアイデアすご

## カスタムルート ❶
## 入れ替えSPOTアイデア

Custom Cafe

※P.39は10:30〜12:00と入れ替え、P.40・41は16:00〜19:30と入れ替え

### 10:30

ソウル3大ベーグルは必食
#### KOKKILI BAGEL 聖水
코끼리베이글 성수／コッキリベイグル ソンス

オーナーが2年がかりで開発した、石窯で焼くベーグル2800W〜は絶品。生クリームを挟んだものなど、アレンジメニューも豊富。

☎02-498-0077 📍城東区聖水2路26キル17 ⏰8:30〜20:00 休無休 🚇2号線聖水駅2番出口から徒歩5分 日本語× 英語○ カード○ @kokkilibagel

 聖水

### 12:00

ポップな店内で映えスイーツ
#### Diver Chu!
다이버츄／ダイボチュ

徹底した湿度・温度管理によって作られる、外カリ中モチのチュロス8800Wが人気。アメリカンポップな店内はフォトスポット満載。

☎0507-1477-8389 📍城東区聖水2路12キル14 ⏰12:00〜21:00(20:20L.O.) 休無休 🚇2号線聖水駅3番出口から徒歩10分 日本語× 英語○ カード○ @diverchu_official

 聖水

### 12:00

秘密基地のような空間
#### NEMONE
네모네／ネモネ

「ネモ」とは「四角」のこと。その名の通り、四角いイチゴケーキ1万3800Wが人気。焼き菓子やいちごパフェなど乙女心をくすぐるメニューが充実。

☎0507-1397-1820 📍城東区上院2キル61・B1F ⏰13:00〜21:00、金・土曜12:00〜22:00(30分前L.O.) 休無休 🚇2号線聖水駅4番出口から徒歩8分 日本語○ 英語○ カード○ @nemone_cafe

 聖水

### 12:00

開放的な空間で自由に過ごす
#### Scène
쎈느／センヌ

天井が高く、大きな窓から光が差す空間力◎のカフェ。定期的にポップアップなども開催される。

☎0507-1493-2127 📍城東区練武場5キル20 ⏰8:00〜22:00、土・日曜9:00〜(21:00L.O.) 休無休 🚇2号線聖水駅4番出口から徒歩2分 日本語○ 英語○ カード○ @sceneseoul_official

 聖水

16:00〜

### 食パンを自分で焼くのが楽しい
## Moment Coffee 2号店
모멘트커피 2호점／モメントコピ イホジョム

弘大

食パンを座席にて網で焼く体験のできる焼きパンセット1万4000Wが人気。あたたかみのあるインテリアも。

☎070-8860-5287　📍麻浦区ワールドカップ北路4キル29　🕐10:00〜22:00　休無休　🚇2号線・空港鉄道・京義中央線弘大入口駅1番出口から徒歩3分　日本語△　英語○　カード○　📷@moment___coffee

16:00〜

### どこもかしこもフォトスポット
## コンミョン 弘大店
공명 홍대점／コンミション ホンデジョム

上水

出版社が運営しているカフェで、クラシカルヴィンテージな店内はつい写真を撮りたくなる美しさ。

☎0507-1338-6304　📍麻浦区臥牛山路17キル11-8　🕐11:00〜23:00（22:30L.O.）　休無休　🚇6号線上水駅1番出口から徒歩4分　日本語×　英語○　カード○　📷@cafegm_

16:00〜

### ヨーロッパ風のデザートカフェ
## Cafe Layered 延南店
카페 레이어드 연남점／カペ レイオドゥ ヨンナムジョム

延南洞

3階建ての一軒家カフェ。好きなスコーンやケーキをお皿に取り、カウンターでドリンクと一緒に注文を。

📍麻浦区ソンミ山路161-4　🕐10:00〜22:00　休無休　🚇2号線・空港鉄道・京義中央線弘大入口駅3番出口から徒歩12分　日本語△　英語○　カード○　📷@cafe_layered

16:00〜

### 弘大にいながらタイムスリップ
## 申李道家
신이도가／シニドガ

弘大

弘大にある1950年頃の韓屋を改装。伝統菓子の薬菓をアレンジしたスイーツなどを味わうことができる。

📍麻浦区チャンダリ路20-12　🕐11:00〜22:00　休無休　🚇2・6号線合井駅3番出口から徒歩8分　日本語×　英語○　カード○　📷@sinleedaga

## ＋MORE　3歩歩けば安心のチェーンカフェ

**A TWOSOME PLACE**
洗練されたインテリア。デザート類が美味しい。

**Angel in us Coffee**
ロッテが運営。ロッテ系の施設に入店多し

**banapresso**
中国系新顔チェーン。サイズが大きくコスパ◎

**HOLLYS**
深夜営業店舗多数で助かる存在

**PAIK'S COFFEE**
外食王ペク・ジョンウォンがプロデュース。メニュー豊富

**COMPOSE COFFEE**
BTSのVが広告塔。店舗数を拡大中

**MEGA COFFEE**
ビッグサイズがうれしい。じゃがいもパンが大バズり

**Juicy**
季節のフレッシュジュースを気軽に味わえる

**EDIYA COFFEE**
比較的リーズナブルでお財布に優しいデイリーカフェ

# Custom Cafe

**16:00〜**

南フランスをイメージ
## tour à tour
루아투아／トゥアトゥア

天然酵母を自然発酵させたパンがおいしいカフェ。スープ1万6500W〜と共に楽しむのがおすすめ。

狎鷗亭

📍江南区狎鷗亭路48キル34 🕐11:00〜19:00、金〜日曜〜20:00 休無休 🚇水仁盆唐線狎鷗亭ロデオ駅5番出口から徒歩5分
日本語× 英語○ カード○ ◉ @tour_a_tour_

16:00からの弘大・延南洞エリアをまるごと狎鷗亭に入れ替えもアリ!!

---

**16:00〜**

前衛的なスイーツが話題に
## NUDAKE HAUS DOSAN
누데이크 하우스 도산／ヌデイク ハウス ドサン

大人気メガネブランドGentle Monsterが運営。芸術作品のような個性的なスイーツを楽しめる。

☎0507-1446-2129 📍江南区狎鷗亭路46キル50 B1F 🕐11:00〜21:00 (20:45L.O.) 休無休 🚇水仁盆唐線狎鷗亭ロデオ駅5番出口から徒歩8分
日本語× 英語○ カード○ ◉ @nu_dake

狎鷗亭

---

**16:00〜**

揚げたてチュロスをディップ！
## Minute Papillon
미뉴트 빠삐용／ミニュトゥ パピヨン

チョコレートソースにディップして食べるスペイン式チュロスの人気店。ディップチョコチュロス9500W。

☎070-8888-0288 📍江南区島山大路51キル37 B1F 🕐11:00〜21:00 (20:30L.O.) 休無休 🚇水仁盆唐線狎鷗亭ロデオ駅5番出口から徒歩4分
日本語○ 英語○ カード○ ◉ @minute.papillon.official

狎鷗亭

---

**16:00〜**

ふわふわドーナツの名店
## Knotted Studio 清潭
노티드 스튜디오 청담／ノティドゥ ストゥディオ チョンダム

ふわふわ生地に、軽い食感のクリームのドーナツが人気。キュートなビジュアルのケーキなども販売。

☎070-8860-9377 📍江南区島山大路53キル15 🕐9:00〜21:00 休無休 🚇水仁盆唐線狎鷗亭ロデオ駅5番出口から徒歩5分
日本語× 英語○ カード○ ◉ @cafeknotted_kr

狎鷗亭

---

**16:00〜**

ユニークな焼き菓子が充実
## TONGTONGE
이웃집통통이／イウッチットントンイ

ドバイチョコレート入りのクリームパン8000Wやクッキー8000Wなど、話題のスイーツを独自にアレンジ。

📍江南区宣陵路161キル19 🕐10:00〜21:30 (21:00L.O.) 休無休 🚇水仁盆唐線狎鷗亭ロデオ駅6番出口から徒歩2分
日本語× 英語○ カード○ ◉ @tongtonge_

狎鷗亭

41

## カスタムルート ③
# 財布の紐ゆるゆる必至の ショッピングルート

**所要 1日**

おひとりさまなら自分のペースでじっくりおみやげ選びができる！ここでしか買えないもの、お得なアイテムに出合いましょう。

☑ **袋有料化に伴い、エコバッグは必携**
買い物をした際、袋は有料のことが増えているからエコバッグを持参すると安心！

☑ **滞在中の「あれ忘れた！」はダイソーで**
メイク落とし、充電ケーブルなど、持ってくるのを忘れてしまったトラベル用品はだいたいダイソーで手に入る！コンビニよりお得なケースが多い印象。

*Custom for Shopping*

# 10:00 全長約880mの巨大地下街で激安ショッピング

### ソウル最大の地下ショッピングセンター
## GOTO MALL
고투몰／ゴトゥモル

全長約880m、洋服、靴、雑貨など約630店舗がひしめく巨大地下ショッピングモール。お得な商品が多く、宝探し感覚で楽しめる。地下鉄で向かう場合は7番出口を目指すべし。

☎02-535-8182 📍瑞草区新盤浦路地下200 ⏰10:00〜22:00（店舗により異なる）休無休 🚇3・7・9号線高速ターミナル駅8-1、8-2番出口直結 日本語× カード△

果てしない！

### GOTO MALL MAP
WEST ZONE | GOTO ZONE | EAST ZONE
9号線
G2 G4 G6 | G8-1 G8-2 G10 | G12 G14 G16
G1 G3 G5 | G7 G9 | G11 G13 G15
ENTER6 3 7 9号線

## \ GOTO MALLの /
### おひとりさま HINT

**○ 現金決済が基本**
多くのお店が現金決済推奨。カード決済の場合は手数料10%を取られることもあるので、現金を用意。WOWPASSの両替機は3号線乗り場方面、B2Fエスカレーター横にあり

**○ お店の番号を控える**
似たようなお店が多いので、比較検討して戻ってきたい場合はお店の番号を控えておくと便利

**○ 疲れたらフードコートへ**
1〜5番出口付近にはフードコートあり。キンパやコーヒーなど軽食にありつける

**○ 大きめのエコバッグを持参**
各店袋に入れてくれるものの、かなり心もとないビニール袋なので大きめのエコバッグにどんどん入れていくのが賢明

## 12:00 最新フードコートで気楽にひとりランチ

新世界百貨店江南店
**HOUSE OF SHINSEGAE** p.122へ

高速ターミナル駅8番出口直結の新世界百貨店江南店に新生したラグジュアリーフードコート。

---

## Custom Shopping

**10:00** 🛍️
GOTO MALLで激安ショッピング
↓ 👣徒歩5分

**12:00** 🍴
お昼はHOUSE OF SHINSEGAEでリッチに
↓ 🚇 3→6号線28分
p.43
p.44

**13:30** 🛍️
漢南洞のアパレルショップめぐり
↓ 👣徒歩3分
p.45

**14:00** 🛍️
プレミアムなキャラメルバーをAtelier Pondで
↓ 👣徒歩8分

**14:30** 🛍️
BORNTOSTANDOUTで香水チェック
↓ 👣徒歩6分
p.46

**15:00** ☕
AUFGLETで休憩
↓ 👣徒歩5分

**16:00** 🛍️
hince 漢南でコスメを物色
↓ 🚇 6号線+3号線35分

**17:00** 🛍️
One More Bagでキュートな雑貨
↓ 👣徒歩7分
p.47

**18:00** 🍴
永和樓で韓国風中国料理
↓ 🚌 ○24分

**20:00** 🛍️
MUJIソウル駅店で食みやげ

## 13:30 漢南洞の芸能人御用達 **ドメスティックアパレル**

ブラウス
13万8000W

スウェット
11万9000W

BLACKPINK
ジェニ着用

ミニバッグ
16万9000W

### クラシックヴィンテージならここ
**overdue flair** 漢南ショールーム
오버듀플레어 한남쇼룸／オボデュプレオ ハンナムショルム

クラシカルヴィンテージなアイテムが多数。シンプルながら、オーガンジーやクリスタルなどの素材を用いて個性を演出しており、カジュアルなアイテムもフェミニンな仕上がり。

☎070-7848-9364 ●龍山区梨泰院路242大通り側 ⏰11:00～20:00 休無休 6号線漢江鎮駅3番出口から徒歩7分 日本語× カード○ @overdueflair

漢南洞

### 色出しが美しいカジュアルブランド
**Rest & Recreation** 漢南
레스트앤레크레이션 한남／レストエンレクリエイション ハンナム

カジュアルでデイリーに使いやすいアイテムを多く取りそろえる。1階がメンズ、2階にはレディースとコスメティック。店舗の横にはコーヒースタンドもあり、休憩もできる。

☎0507-1315-7826 ●龍山区梨泰院路42キル56 ⏰11:00～19:00 休無休 6号線漢江鎮駅3番出口から徒歩5分 日本語× カード○ @rr_restandrecreation

ロゴキャップ
5万8000W

ロゴミニポーチ
6万5000W

カーディガン
13万8000W

漢南洞

44

Custom Shopping

## 14:00 プレミアムな キャラメルバー は大切な人へのおみやげに

**美しいパッケージ&焼き菓子にうっとり**

### Atelier Pond 漢南
아뜰리에퐁드 한남／アトゥリエポンドゥ ハンナム

美しい箱に詰められた、濃厚なキャラメルバーや焼き菓子が人気のカフェ。購入は予約制で、InstagramのDMから予約が可能。木〜土曜の20時以降はバーとして営業。

☎010-7764-7663 📍龍山区梨泰院路54キル19
🕐11:00〜19:00、木曜〜23:00 休無休 🚇6号線漢江鎮駅3番出口から徒歩5分 日本語△ カード○ ◉ @atelier.pond

漢南洞

キャラメルバー (6ea) 4万3000W

パッケージも おしゃれすぎ!

## 14:30 匂いフェチ歓喜の K-フレグランス体験

試香はボトル上のガラス玉を嗅ぐスタイル

BORNTOSTANDOUT p.130へ

インテリアも個性的

店内には前衛的なオブジェやフォトスポット多数

### おひとりさま HINT

○ 漢南洞は
　心臓破りの階段を覚悟!

漢南洞は漢江鎮駅と梨泰院駅の間のエリア。漢江鎮駅と梨泰院駅をつなぐ梨泰院路はゆるやかな坂道、そして梨泰院から漢南洞の各ショップに行くためにはさらに急激な坂や階段を降りる必要あり。つまり帰りはその急坂を上らないといけないので、歩きやすい靴で!

## 15:00 モノトーンの おしゃれカフェで小休止

**白と黒のミニマルな空間**
### AUFGLET 漢南
아우프글렛 한남／アウプグレッ ハンナム

クロワッサンをワッフルメーカーでサクッと焼いたクロッフルの火付け役カフェ。店内はモノトーン＆マットなインテリア。

☎070-8898-0699 ♦龍山区梨泰院路54カギル20 ⏰12:00〜20:30 (19:30L.O.) 休無休 🚇6号線漢江鎮駅3番出口から徒歩6分 日本語× カード○ Ⓘ@aufglet

漢南洞

## 16:00 人気コスメは フラッグシップストアで

トゥルーディメンション
ラディアンスバーム(全7色)
2万9000W

**限定ギフトバッグに入れてもらえる**
### hince 漢南
힌스 한남／ヒンス ハンナム

日本でも人気のhinceのフラッグシップストア。購入時は漢南店限定のショップバッグに入れてもらえる。全商品が並び、色味や香りを実際に試せるのがうれしい。

ロウグロウジェルティント
(全14色)
1万7000W

漢南洞

☎02-2135-3031 ♦龍山区梨泰院路49キル14-2 ⏰11:00〜20:00 休無休 🚇6号線漢江鎮駅1番出口から徒歩7分 日本語○ カード○ Ⓘ@hince_official

## 17:00 バッグも雑貨も！ 個性光るセレクトショップへ

**クリエーターグッズが充実**
### One More Bag
원모어백／ウォンモオベッ

トートバッグやポーチなど、布製のバッグを主に扱うセレクトショップ。バッグに組み合わせて楽しめるさまざまなキーリングや、文具・雑貨なども充実。

☎070-7768-8990 ♦鍾路区弼雲大路6-1 2F ⏰12:00〜19:00 休無休 🚇3号線景福宮駅1番出口から徒歩5分 日本語× カード○ Ⓘ@onemorebagkr

西村

46

Custom Shopping

## 18:00 韓国式中国料理でサクッと夜ごはん

**チャンポン 1万W**
魚介類の旨みがたっぷり

**コチュカンジャジャン 1万2000W**
薄切りの青唐辛子が入ったピリ辛味

ピリ辛のジャジャン麺は珍しい！

### 青瓦台も御用達の中国料理
# 永和樓
영화루／ヨンファル

青瓦台関係者からも愛されるという中華料理店。50年以上の歴史を持つ。メニューもさることながら、外観・内観がレトロで素敵。

☎02-738-1218 鍾路区紫霞門路7キル65
⏰11:00 ～ 21:00 (14:45 ～ 17:00ブレイクタイム、20:15L.O.) 無休 3号線景福宮駅2番出口から徒歩5分 日本語× カード○

西村

---

**+ MORE**

その他の食みやげはロッテマートで！　p.19へ

MUJIソウル駅店はロッテマート ソウル駅店と同じ建物内にあるので、ついでにロッテマートを回るのもアリ。24:00まで営業しているので楽勝です。

**青みかんそば 5900W**

**ミスカルラテ 4900W**

"KOREA Limited"のマークを狙う！

## 20:00 無印良品の食みやげでラストスパート

### ソウル駅に新オープン
# MUJI ソウル駅店
MUJI 서울역점／ムジ ソウルヨッジョム

ソウル駅のロッテマートが入るZETTAPLEXの3階に新オープンした無印良品。韓国でしか買えない食品類は、バラマキみやげとしても人気を集めている。

☎02-365-5321 中区青坡路426 ⏰10:00 ～ 22:00 第2・4水曜 1・4号線、空港鉄道ソウル駅1番出口から徒歩2分 日本語△ カード○ @mujikr

ソウル駅

---

### おひとりさまHINT

○ 荷物がやばい！ そんなときは駅のロッカーを利用

荷物が増えすぎた際に利用したいのが地下鉄駅にあるロッカー。ソウル市内の地下鉄のコインロッカーは2024年10月末でアプリ式に変更。「T locker」というアプリ（日本語あり）でロッカー上のQRコードを読み込んで、支払い（海外クレジットカード対応）・保管・取り出しまで行えます。鍵を失くしたりロッカー番号を忘れる心配がないので安心です。

▶ シミュレーション

## カスタムルート③ 入れ替えSPOTアイデア

P.43〜47のモデルコースのなかで紹介した物件と同エリアにある物件を紹介。アイコンは何時(00:00)の物件と入れ替えられるかを示しています。

### 13:30

ニットセットアップ 28万5000W
スカーフ 11万9000W

**シンプルなのにキラリと光るデザイン**

#### KUMÉ フラッグシップ
쿠메 플래그십／クメ プレグシッ

オンでもオフでも使える、シンプルながらカラーとデザインが効いたアイテムがそろう。幅広い年齢層から愛され、親子でショッピングにくる人も多いのだそう。店内はカフェ併設。

☎02-793-8858 龍山区大使館路11キル47 ⏰11:00〜19:00 休月曜 6号線漢江鎮駅3番出口から徒歩9分 日本語× カード○ ◎@kume_official

漢南洞

### 13:30

ニット 12万8000W
キャップ 4万9000W
back

**日常になじむナチュラルさ**

#### Enor
엔오르／エノル

日常の中に溶け込むようなナチュラルなデザインが特徴で、曲線的なシルエットが美しい。1着でさまざまなコーディネートが楽しめる。セレクトの雑貨も取り扱っている。

☎02-790-3577 龍山区梨泰院 路54キル58-7 ⏰12:00〜20:00 休無休 6号線漢江鎮駅3番出口から徒歩9分 日本語× カード○ ◎@enor_official

漢南洞

# Custom Shopping

終わりなき物欲の旅である

**10:00**

#### 江南駅改札すぐ! 〔江南〕
## 江南駅地下ショッピングセンター
강남역 지하쇼핑센터／カンナムヨッ チハショッピンセント

地下街の中でもリーズナブルな服を扱うショップが多くそろう。現金払いがお得。

☎02-553-1898 ◉江南区江南大路地下396 ⏰10:00〜22:00（店舗により異なる）休無休 ②2号線・新盆唐線江南駅直結 日本語× カード△

**13:30**

#### キッチュでスポーティ 〔漢南洞〕
## EMIS 漢南
이미스 한남／イミス ハンナム

スポーティなアイテムが並ぶ。ロゴが入ったカラフルなバッグはコーデのアクセントに。

☎02-792-8870 ◉龍山区大使館路5ギル29 ⏰12:00〜20:00 休無休 ⑥6号線梨泰院駅3番出口から徒歩11分 日本語× カード○

**14:00**

#### 伝統菓子を現代風にアレンジ 〔漢南洞〕
## GOLDEN PIECE
골든피스／ゴルドゥンピス

伝統菓子の薬菓を現代的にアレンジして話題に。特別感のあるプレゼントにうってつけ。

☎0507-1346-7250 ◉龍山区漢南大路27キル25 ⏰12:00〜18:00 休無休 ⑥6号線梨泰院駅3番出口から徒歩8分 日本語○ カード○

**16:00**

#### ポップなデザインのヴィーガンコスメ 〔漢南洞〕
## AMUSE 漢南ショールーム
어뮤즈 한남 쇼룸／オミュジュ ハンナム ショルム

カラー展開豊富なヴィーガンコスメ。発色もバツグンのデューティントが人気。

☎02-796-2527 ◉龍山区梨泰院路55ガキル49 3F ⏰11:00〜20:00 休無休 ⑥6号線漢江鎮駅1番出口から徒歩8分 日本語○ 英語○ カード○

**17:00**

#### 本店はパリのブックストア 〔西村〕
## Ofr. Séoul
오에프알 서울／オエプアル ソウル

パリに本店を持つブックストア。ロゴが入ったカラフルなトートバッグが大人気に。

◉鍾路区紫霞門路12キル11-14 ⏰11:00〜20:00 休月曜 ③3号線景福宮駅3番出口から徒歩7分 日本語○ カード○

**17:00**

#### 素敵が見つかるセレクトショップ 〔西村〕
## MAKEFOLIO
메이크폴리오／メイクポリオ

宿泊施設のキュレーションをするSTAYFOLIOが運営。韓国のいいものが見つかるはず。

☎070-5158-9013 ◉鍾路区紫霞門路9キル17 ⏰11:00〜19:00 休無休 ③3号線景福宮駅2番出口から徒歩7分 日本語○ カード○

カスタムルート ④

# ひとりでゆっくりめぐる！
# 歴史探訪ルート

大都市ソウルの近代的な街の中に突如現れる歴史的な建造物。
都会にいながら歴史を感じられるのもソウルの魅力です。
おひとりさまなら自分のペースでゆったり歴史散歩ができちゃいます！

所要 1/2 日

**古宮は意外と広大！歩きやすい靴で**
古宮は庭園などを含めるとかなりの広さ。ぐるりと回るのもかなり歩くことに。また、韓屋の多い三清洞は坂道も多いので、歩きやすい靴が正解！

**時間＆シーズンは事前に要チェック**
古宮では定刻になると交代式が見られたり、期間限定でライトアップやさまざまな儀式を見られる場合があるので、より楽しむためには事前に情報をチェックしておこ！

Custom for
Historical Place

50

Custom Historical Place

## 8:30 創業100年超！老舗の絶品 ソルロンタン

ソルロンタン 1万4000W

**雑味のないあっさりスープ**
### 里門ソルロンタン
이문설렁탕／イムンソルロンタン

白飯がススムぜ

1904年創業、現存するソウル最古のお店として知られる。韓牛の骨や肉を18時間以上煮込んで作られるソルロンタンが名物で、とろけるようなほろほろ肉がたまらなく美味。

☎02-733-6526 📍鍾路区郵政局路38-13 🕗8:00〜21:00、日曜〜20:00 (15:00〜16:30ブレイクタイム、各30分前L.O.) 休無休 🚇1号線鍾閣駅3-1番出口から徒歩2分 日本語○ 英語○ カード○

鍾閣

## 10:00 景福宮の門前交代式を目撃する

すぐ近くにはオフィス街

**朝鮮王朝最高級の王宮**
### 景福宮
경복궁／キョンボックン

朝鮮時代の正宮として王が政務を行ってきた場所で、ソウルを代表する観光名所。四季折々で異なる姿を見せてくれる。韓服を着て訪問すると入場料が無料になるサービスも。

☎02-3700-3900 📍鍾路区社稷路161 🕗9:00〜17:00 (11〜2月)、〜18:00 (3〜5、9〜10月)、〜18:30 (6〜8月) ※閉園1時間前受付終了 料3000W 休火曜 🚇3号線景福宮駅5番出口から徒歩7分 日本語△ 英語○ カード○

景福宮

**守門将交代式**
朝鮮時代の王宮門の開閉や警備を行う「守門軍(スムングン)」の交代式を再現
料金 無料
時間 10:00〜10:20、14:00〜14:20
休業日 火曜(天候などにより異なる)

+ MORE
**景福宮は夜もイイんです！**
秋になると景福宮は夜間に入場することができ、昼とはまた違った雰囲気を楽しめます。外国人観光客は先着順の当日券を購入する必要あり。期間などについては公式サイトを確認を

景福宮HP

---

**8:30** 🍴
里門ソルロンタンで朝ごはん
↓ 🚇 12分

**10:00** 
景福宮の門前交代式をチェック
↓ 🚇 3号線2分

p.51
p.52

**11:00** ☕
伝統茶院でティータイム
↓ 徒歩1分

**11:30** 🛍
国際刺繍院で伝統みやげ
↓ 徒歩11分

p.53

**12:00** 
伝統酒ギャラリーでお酒の世界へ
↓ 徒歩7分

**13:30** 
東琳メドゥプ工房で伝統小物作り

## 11:00 韓屋カフェで本格伝統茶

#### 美術館の一角に位置
### 伝統茶院
전통다원／チョントンダウォン

カリン茶
8000W

仁寺洞の耕仁(キョンイン)美術館の一角にあるカフェ。店内には古い家具や骨董品が並ぶ。古くから親しまれてきた伝統茶や韓菓を味わいながら、ゆっくり過ごしたい。

☎ 02-730-6305　📍鍾路区仁寺洞10キル11-4
🕐 11:00～21:20　休無休　🚇3号線安国駅5番出口から徒歩5分
△ 英語○ カード○　日本語○

仁寺洞

---

## 11:30 伝統みやげに魅せられる

袱紗
3万5000～4万5000W

#### カラフルな刺繍が美しい
### 国際刺繍院 3号店
국제자수원 3호점／クッチェジャスウォン サモジョム

仁寺洞のメインストリートに位置するショップ。カラフルなポジャギや、繊細な刺繍のアイテムはおみやげにも喜ばれる。刺繍がかわいい袱紗はチケット入れなどにも重宝しそう。

☎ 02-723-0830　📍鍾路区仁寺洞キル41
🕐 10:00～20:00　休無休　🚇3号線安国駅6番出口から徒歩4分　日本語○ 英語○ カード○

仁寺洞

Custom Historical Place

## 12:00 伝統酒をテイスティング

### 外国人向けテイスティングプログラム
2025年1月より、外国人向けの英語でのテイスティングプログラムは、レストラン予約アプリ「CATCH TABLE」(日本語対応)にて予約可能に

 CATCH TABLE

### 300種以上の伝統酒を紹介
**伝統酒ギャラリー**
전통주갤러리／チョントンジュゲルロリ

全国各地のマッコリや果実酒などを展示する広報施設。人気の無料テイスティングプログラムは、専門家の解説を聞きながら、月替わりで5種類のお酒を試飲することができる。

☎ 02-555-2283　●鍾路区北村路18　⏰10:00〜19:00　休月曜　🚇3号線安国駅2番出口から徒歩2分　日本語× 英語○ カード○ ○ @thesoolgallery

北村

## 13:30 古くて新しい「メドゥプ」作りを体験

### 美しいメドゥプの世界へ
**東琳メドゥプ工房**
동림매듭공방／トンニムメドゥプコンバン

韓服や室内の装飾に使われるメドゥプ(組紐)の展示販売、復元などの継承活動をおこなう施設。好みの色を選んでアクセサリーなどを作れる体験メニューが人気。

☎ 02-3673-2778　●鍾路区北村路12キル10　⏰10:00〜18:00 11〜2月〜17:00(体験は閉館1時間前締切)　休月曜　🚇3号線安国駅2番出口から徒歩9分　日本語△ 英語○ カード○

北村

色の組み合わせで個性発揮

### メドゥプ作り体験
ストラップやブレスレット、マスクコードなどを作る体験は随時受け付け
料金 1万〜1万2000W
所要 約40分

ひとりでも対応してくれる

53

# カスタムルート ④
# 入れ替えSPOTアイデア

正門・敦化門(トンナムン)は2027年7月(予定)まで工事中

**保存状態が優れている世界遺産**

## 昌徳宮
창덕궁／チャンドックン

1405年に第3代王の太宗が設立。4万3000㎡の敷地内には自然あふれる大庭園も付属。現存する古宮の中でも保存状態がよく、ユネスコ世界遺産に登録されている。

☎02-3668-2300 📍鍾路区栗谷路99 ⏰9:00～17:30(11～1月)、～18:00(2～5、9～10月)、～18:30(6～8月)※閉園1時間前最終受付 ※秘苑は別途 休月曜 料一般観覧エリア3000W、一般観覧エリア＋秘苑8000W 🚇3号線安国駅3番出口から徒歩6分 日本語○ 英語○ カード○

**秘苑外国語無料ガイド**
秘苑はガイドの案内でルートどおりに回る。各回100人限定、時間はHPを参照
料金 無料
所要 90分

---

**都会のオアシス的存在**

## 徳寿宮
덕수궁／トクスグン

もとは王族の邸宅だったが、壬辰倭乱時に王が移り住み、王宮に。月曜と雨天を除く1日2回、11:00と14:00に王宮守門将交代式が行われる。

☎02-771-9351 📍中区世宗大路99 ⏰9:00～21:00(最終受付20:00) 休月曜 料1000W 🚇1・2号線市庁駅2番出口から徒歩1分 日本語△ 英語○ カード○

市庁

---

2025年4月頃まで工事中

**王族が祀られたお墓**

## 宗廟
종묘／チョンミョ

朝鮮王室の歴代の王と王妃を祀った霊廟で、一歩踏み込むと神聖な空気に包まれる。毎年5月に祭礼儀式「宗廟大祭」が盛大に開催。

☎02-765-0195 📍鍾路区鍾路157 ⏰9:00～17:30(11～1月)、～18:00(2～5、9～10月)、～18:30(6～8月)※閉園1時間前最終受付 休火曜 料1000W 🚇1・3・5号線鍾路3街駅11番出口から徒歩5分 日本語△ 英語○ カード○

鍾路

Custom Historical Place

昌徳宮、宗廟、宣靖陵は世界遺産!

### 豊かな自然に癒される　　　鍾路
## 昌慶宮
창경궁／チャンギョングン

昌徳宮と隣接しているのでセットで回りたい。建物は比較的質素だが味わい深い。

☎02-762-4868　📍鍾路区昌慶宮路185　🕘9:00〜21:00 ※閉園1時間前最終受付　休月曜　₩1000W　🚇4号線恵化駅4番出口から徒歩10分　日本語△ 英語× カード○

### 江南のビル街に世界遺産　　鍾路
## 宣靖陵
선정릉／ソンジョンヌン

歴代王が眠る墓。宣陵は第9代成宗と2番目の継妃、靖陵は第11代中宗のもの。

☎02-568-1291　📍江南区宣陵路100キル1　🕘6:00〜21:00、〜18:00(2月)、6:30〜17:00(11〜1月) ※閉園1時間前最終受付　休月曜　₩1000W　🚇2号線、水仁盆唐線宣陵駅10番出口から徒歩5分　日本語× 英語× カード○

### 韓国版「除夜の鐘」　　　鍾閣
## 普信閣
보신각／ポシンガッ

鍾路のランドマーク的存在。毎年、年末はカウントダウンイベント会場となる。

📍鍾路区鍾路54　休無休　₩無料　🚇1号線鍾閣駅4番出口から徒歩1分

### 格調高い王室文化を学ぶ　　景福宮
## 国立古宮博物館
국립고궁박물관／クンニッコグンパンムルグァン

朝鮮王室の美術品や衣装、家具、関連資料を展示。王室文化への理解が深まる。

☎02-3701-7500　📍鍾路区孝子路12　🕘10:00〜18:00、水・土曜〜21:00 ※閉園1時間前最終受付　休無休　₩無料　🚇3号線景福宮駅5番出口から徒歩5分　日本語○ 英語○ カード○

### 韓国のアイコン、キムチを深堀り　仁寺洞
## ミュージアムキムチ間
뮤지엄김치간／ミュジオムキムチカン

食品メーカーのプルムウォンが運営。キムチの奥深い世界を知る一助に。

☎02-2088-8531　📍鍾路区仁寺洞キル35-4 仁寺洞マルレ本館4〜6F　🕘10:00〜18:00　休月曜　₩5000W　🚇3号線安国駅6番出口から徒歩5分　日本語○ 英語× カード○

### ヘアスタイリング無料!　　景福宮
## 韓服男 景福宮店
한복남 경복궁점／ハンボンナム キョンボックンジョム

伝統韓服やテーマ韓服など、約500着からレンタル可能。髪飾りなどもつけてもらえる。

☎010-6485-8507　📍鍾路区社稷路133-5　🕘9:00〜19:00　休無休　₩伝統韓服1万W(1時間30分)〜　🚇3号線景福宮駅4番出口から徒歩1分　日本語○ 英語○ カード○

55

カスタムルート ⑤

# 全力！推し活ルート

コンサートなど、推しのイベントありきでソウルを訪れる人も多いはず。せっかくなら推し活がもっと楽しくなるスポットもめぐってみましょう！

所要 **1日**

推しの名前をチュロスに!?

ケーキに愛をしたためる

推しのぬいにお洋服を

## Custom for Oshikatsu

☑ 推しのトレカと共に旅すべし

おいしいものを食べたら推しの写真と一緒に撮る、というのがオタクとしてのマナー（礼節）ということで、「예절샷（イェジョルシャッ／礼節ショット）」というのが現地のオタクたちの間では定番化。トレカやアクリルスタンドを持ち歩いて、推しと一緒に旅行気分を味わって♡

☑ スタート地点は滞在先に合わせて

今回のモデルコースは狎鷗亭エリアと弘大エリアというソウルの東と西を移動するルートなので、宿の位置に合わせて順番を入れ替えてもOK！

サイン入りCDを拝む

公式グッズをGETせよ！

トレカケースをデコり倒す！

## 9:00 芸能人御用達の名店でスンドゥブ朝食

清潭スンドゥブ 本店　p.110へ

サインがズラリ！

## 10:00 推しの名前のチュロスを食す！

事前にDMから予約もOK

**チュニネチュロス** 狎鷗亭店
뚜네 츄러스 압구정점／チュニネ チュロス アックジョンジョム

希望のハングルやアルファベットをチュロスにしてくれるサービスが人気。時間がかかるので、事前にInstagramのDMで予約しておくとスムーズ。

☎0507-1483-8974　🏠江南区島山大路51キル37　🕐13:00～23:00(22:50 L.O.)　休 月曜　水仁盆唐線狎鷗亭ロデオ駅5番出口から徒歩4分　日本語×　カード○　📷@jjunine_churros_apro

スマホでハングルを見せればOK！

社長さんの職人技！

**menu**
レタリングチュロス
1文字 4500～5000W
アルファベットorハングル4文字まで。1日35名限定なので、インスタのDMから予約が吉

狎鷗亭

## 10:30 韓国式プリクラで推しとツーショ！

サングラスやカチューシャなどもあり◎

**おひとりさま HINT**
プリクラ撮影の手順

① ブースに入り、フレームを選ぶ

② 決済（現金orカード）

③ 撮影(4ポーズ×2回ずつ)
④ 受け取り

期間限定フレームをチェック！
**Photoism Box** 狎鷗亭店
포토이즘 박스 압구정점／ポトイジュム バクス アックジョンジョム

韓国式プリクラのなかでも、さまざまなアーティストの公式フレームが期間限定で登場する割合が多いのがPhotoism。仕上がりはかなりリアルで2ショ気分を味わえる！

🏠江南区宣陵路155キル21　🕐24時間　休 無休　水仁盆唐線狎鷗亭ロデオ駅5番出口から徒歩5分　日本語×　カード○　📷@photoism.kr

恥じらわずにノリノリでやるのが正解（恥じた人より）

狎鷗亭

---

# Custom Oshi katsu

**9:00** 🍴
清潭スンドゥブで朝ご飯
↓ 徒歩3分

**10:00** 🍩
チュニネチュロスで推しの名前のチュロスを食す

↓ 徒歩1分

**10:30** 📷
Photoism Box 狎鷗亭店で推しとプリクラ

↓  水仁盆唐線→2号線38分
p.57
p.58

**12:00** 🎨
ネマムデロポンケース弘大店でトレカケース作り

↓ 徒歩2分

**13:30** 🛍
ソプムコンジャンで推しのお洋服をゲット

↓ 徒歩8分

**14:30** 🍴
弘大チョポッ
トッポッキでランチ

↓ 徒歩5分

**15:30** 🛍
WITHMUU AK PLAZA
弘大店で公式グッズ確保

↓  2号線2分

**16:30** 🍰
HAPPY BEAR DAY
合井本店でレタリングケーキ

↓  2号線13分
p.59
p.60

**18:00** 🛍
ダイソー明洞駅店でオタグッズ仕入れ

↓ 🚇 10分

**20:00** 🎤
WILD WILDで
19禁ステージを拝む

## おひとりさま HINT

### ソウル行くなら推しの記念日に♡

誕生日やデビュー〇周年の付近になると、ファンが有志でさまざまなイベントを用意。アイドル本人が訪れることも。SNS上で情報を集め、一気にめぐるのが楽しい！

**ピンポイントに推しが！**

**バス停広告**
バス停やタクシー乗り場の看板広告。バス停の乗り場は複数ある場合もあるので要確認

**事務所付近多め**

**地下鉄駅**
地下鉄の乗り場や構内の大きめの広告。事務所付近の駅または弘大入口駅に集中

**本人が来ることも!?**

**センイルカフェ**
アイドルのセンイル＝誕生日を記念して、カフェをアイドル一色に。

---

## 12:00 メンカラ多用で トレカケースを作る！

**パーツつけ放題で盛れる**

**ネマムデロポンケース 弘大店**
내맘대로폰케이스 홍대점／ネマムデロポンケイス ホンデジョム

スマホケースやトレカケースに好きなパーツをつけてデコレーションができるDIYショップ。スマホケース1万9000W、トレカケース1万6000Wでパーツはつけ放題。

☎02-322-6682 麻浦区臥牛山路19キル21 3F 12:00～21:00 (19:50L.O.) 無休 2号線・空港鉄道・京義中央線弘大入口駅9番出口から徒歩12分 日本語×／カード〇／@hongdae__slimecafe

弘大

**推しの好きなものでデコるなど**

---

## 13:30 推しのぬいにお洋服をプレゼント

**myaoもワンチャン着られそう**

**サイズ多様でピッタリが見つかる**

**ソプムコンジャン**
소품공장／ソプムコンジャン

ぬいぐるみ専用の洋服店。ぬいぐるみの大きさに合わせてサイズを選べるのがうれしい。人気商品は韓服。店内はカフェスペースもあり、着せ替えをしながらゆっくりできる。

☎070-8098-1785 麻浦区臥牛山路21キル19-8 4F 12:00～21:00 無休 2号線・空港鉄道京義中央線弘大入口駅9番出口から徒歩9分 日本語×／カード〇／@sp_factory

弘大

Custom
Oshi
katsu

## 14:30
### 遅め昼ごはんは安定の**トッポッキ**

弘大チョポットッポッキ 弘大2号店 p.121へ

トッポッキ
5000W

## 15:30　**公式グッズ**をチェックする

ペンラがズラリ!

アイドルとの
コラボイベントも

公式ペンライトもここでそろう!
### WITHMUU AK PLAZA弘大店
위드뮤 AK PLAZA 홍대점／ウィドゥミュ エイケイプルラジャ ホンデジョム

人気グループの最新CDから公式グッズ、推し活に使える雑貨などを幅広く扱うショップ。ペンライトの充電器が隠れた人気商品。店内にはアーティストのサイン入りCDも。

☎02-332-0429 📍麻浦区楊花路188 2F ⏰11:00〜22:00、土・日曜 10:30〜 休無休 🚇2号線・空港鉄道・京義中央線弘大入口駅5番出口から徒歩1分 日本語△ カード○ @withmuu_hd

弘大

アイドルのアルバムリリースと連動して、アルバム購入者を対象としたフォトカードを入口の自販機でランダム配布

## 16:30
### 話題の**トシラッケーキ**に
### 推しへの愛をしたためる

店内も
映えて
いる

**ミニサイズだからひとりでも食べられる**
### HAPPY BEAR DAY 合井本店
해피베어데이 합정 본점／ヘピベオデイ ハプチョン ポンジョム

キュートなケーキや焼き菓子が人気のカフェ。2階建ての店内は空間ごとに異なる雰囲気で写真映え必至。レタリングケーキの注文は事前に電話での予約が必要。

☎010-3915-8803 📍麻浦区楊花路12キル16-6 ⏰10:00〜22:00(L.O.21:40) 休不定休 🚇2・6号線合井駅3番出口から徒歩4分 日本語× カード○ @happybearday.cake

合井

トシラッケーキ
1万8000W

チョコレート
オレオ味のシート

プレーン
ヨーグルトスムージー
6500W

レタリングケーキ(要予約)
4万W(1号)
15文字まで指定可能

59

## 18:00
## ダイソーで推し活GOODSを調達

フォトカード
キーリングホルダー
1000W

トレカブック
2000W

キャラクター
ふせん
1000W

＼この安さがイイ！／

フォトカードフレーム
（10枚入り）
1000W

**文具コーナーに向かうべし**

ダイソーのは推し活の強い味方。トレカをデコるフレームやトレカケース、推しへの手紙を書く際のレターセット、プレゼントのラッピングアイテムなど、一通りそろう！

これらのグッズは
3階の文具売り場にあり

ダイソー明洞駅店　p.20へ

## 20:00
### 19禁女性専用ショーで新たな推しを発見!?

このボディにスーツ…
わかってらっしゃる…

VIP席は
お触りアリらしい(震)

**セクシーイケメンがお出むかえ**

## WILD WILD
와일드 와일드／ワイルドワイルド

筋肉ムキムキのイケメンたちが歌って踊って脱ぎまくる、官能的なミュージカルショー。ノンバーバルなので韓国語がわからなくてもOK。チケット予約はKONESTから。

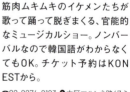

☎02-2274-2123　📍中区マルンネ路47 ミョンボアートホール ⏰火～木曜20:00、金・土曜17:00／22:00、日曜15:00／18:00 休月曜 🚇2・3号線乙支路3街駅8番出口から徒歩1分 日本語× カード○ @wildwild_official

乙支路

Custom
Oshi katsu

## 本国コンサートに行ってみたい！

**ひとりでも安心！推し活TIP**

Concert
提供：イメージマート

オタクたるもの、推しが本国でのびのび公演している姿を拝みたい！
人気アーティストの場合は航空券やホテルが値上がりすることもあるので早めに押さえておきましょう。

このために血を吐きながら働いている

### ソウルコンのチケッティング方法

① **公演案内を熟読し、会員登録を済ませる**
公式の案内をよく読み、海外からも購入できるかを確認。その後、チケットサイトに会員登録しておく

② **先着チケッティングの練習**
おすすめはチケッティング練習サイト。日本とは違い座席を選ぶ必要があるので、事前に練習を

③ **時報を用意して事前にサイトにログイン**
時間になってからログインするのでは遅い！ 必ず事前ログインをしておこう

### 主なコンサート会場

**高尺スカイドーム**
고척스카이돔／コチョクスカイドム
**キャパ** 約2万5000名
📍九老区京仁路430
🚇1号線九一駅2番出口から徒歩1分

九一

**蚕室室内体育館**
잠실실내체육관／チャムシルシルネチェユックァン
**キャパ** 約1万3000名
📍松坡区オリンピック路25 🚇2・9号線総合運動場駅7番出口から徒歩6分

蚕室

**オリンピックホール**
올림픽홀／オルリムピッホル
**キャパ** 約3000名
📍松坡区オリンピック路424オリンピック公園内 🚇5・9号線オリンピック公園駅3番出口から徒歩9分

オリンピック公園

### ソウルコン持ち物リスト

- ☑ チケット
- ☑ パスポート（身分証）
- ☑ ペンライト
- ☑ 双眼鏡
- ☑ 財布
- ☑ 応援スローガン
- ☑ 飲み物（基本水だけOK）

# カスタムルート ⑤ 入れ替えSPOTアイデア

展示ゾーンには アーティストの サインも！

各アーティストとの プリクラも 撮影できる！

**SMエンタの新社屋**
## KWANGYA@SEOUL
광야 서울／クァンヤ ソウル

SM BRAND MARKETINGが運営する公式ショップ。グッズの購入はもちろん、展示スペースでは各アーティストのCDやペンライトがずらりと並び、サイン入りのものも。

☎02-6233-6729 ⌖城東区往十里路83-21 ⏰10:30〜20:00 休無休 ➤水仁盆唐線ソウルの森駅5番出口直結 日本語○ カード○
📷@kwangya_seoul

ソウルの森

事務所を 眺めながら お茶できるカフェ

MD SHOPも あるので グッズも購入可！

**YGペンの必訪スポット**
## The SameE
더세임／ドセイム

ファンが事務所を見ながら憩えるように作られた空間。1階はカフェで、窓の外にはYGの事務所の入口が。地下1階はグッズショップ。買いそびれた公式グッズはここで調達すべし！

☎02-336-0536 ⌖麻浦区喜雨亭路1キル6-3 ⏰10:00〜20:00（ショップ10:30〜） 休無休 ➤2・6号線合井駅8番出口から徒歩8分 日本語○ カード○ 📷@thesamee_official

合井

# Custom
## Oshi katsu

推し活
QOL
爆上げしてこ

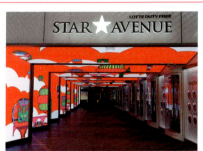

推しの手の大きさを感じたい！
### ロッテ免税店明洞本店 STAR AVENUE
롯데면세점 명동본점 스타에비뉴／ロッテミョンセジョム ミョンドンポンジョム スタアベニュ

ロッテ免税店のイメージキャラクターを務めるアーティストの映像やパネルを鑑賞できる通路。アーティストの手形も展示されている。

📍中区南大門路81　🕐通路24時間、映像9:00頃〜20:00頃　休無休　🚇2号線乙支路入口駅7・8番出口から徒歩1分　日本語×

明洞

ロッテ免税店広告アーティストの手形も

1〜5Fまで多様な展示を楽しめる

観光公社運営の複合文化空間
### HiKR GROUND
하이커 그라운드／ハイコ グラウンドゥ

韓国観光公社が運営する韓流エンターテインメント・コンテンツを楽しむための空間。さまざまな展示のほか、5階には観光案内所も。

📞02-729-9497　📍中区清渓川路40　🕐10:00〜19:00　休月曜　🚇1号線鐘閣駅5番出口から徒歩3分　日本語△　英語○　カード○　📷@hikrground_official

鐘閣

フォトカードの交換スペースも！
### Beat Road
비트로드／ビトゥロドゥ

CDやグッズを扱うショップ。過去のCDやグッズも揃う。アルバムを開封したり交換できる交流スペースがあるのがオタク心をくすぐる。

📞070-4205-9040　📍麻浦区東橋路107　🕐12:00〜20:00　休無休　🚇6号線望遠駅1番出口から徒歩6分　日本語×　カード○　📷@beatroad_official_

上水

ポップアップイベントも実施

明洞でオタグッズ購入ならココ
### WITHMUU 明洞店
위드뮤 명동점／ウィドゥミュ ミョンドンジョム

観光の中心地、明洞に位置するのでアクセスが抜群。ネームシールやフォトカードの印刷機もあり、自分だけのグッズを作れる。

📞02-778-1765　📍中区明洞7キル16　🕐11:00〜21:00　休無休　🚇2号線乙支路入口駅6番出口から徒歩4分　日本語×　英語○　カード○　📷@withmuu

明洞

ネームシール印刷機が人気

カスタムルート ⑥

# エモすぎ♡
# 韓ドラロケ地めぐりルート

韓ドラファンなら一度は訪れたい、あのドラマのロケ地。
おひとりさまなら、時間を気にせず、思う存分ドラマの世界に浸れます。

**所要 1日**

プレゼントをもらったカフェ

最終回のあのシーン

物語が始まるコンサート会場

### ✓ 迷惑にならないように！
ロケ地でテンションが上がるのはわかるけど、撮影に夢中でほかのお客さんの迷惑になったり、入ってはいけない場所に入るのはNG。静かに悶えるのが大人のたしなみ！

### ✓ 時間帯を合わせるのも趣深い
せっかく訪れるなら、ドラマのシーンと時間帯を合わせると気分も上がる！

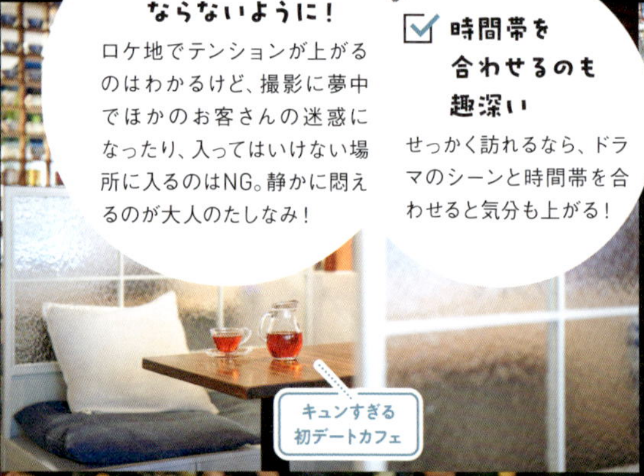

キュンすぎる初デートカフェ

## 巡ったのは……
### 『ソンジェ背負って走れ』

▶ STORY
過去に不慮の事故に遭い、人生の希望を失ったイム・ソル。偶然つながったラジオでバンド「ECLIPSE」のボーカル、リュ・ソンジェの言葉に救われ、ソルは彼の熱狂的なファンになる。2022年最後の日、コンサートで輝くソンジェを見るも、数時間後突然の彼の訃報に世間は騒然。悲しむソルは、運命に導かれるようにソンジェが生きている2008年にタイムスリップしていて…。

👤 CAST ビョン・ウソク、キム・ヘユン、ソン・ゴニ、イ・スンヒョブ ほか

U-NEXTにて独占配信中

© CJ ENM Studios Co., Ltd

## Custom for K-DRAMA

# 8:00 まずはバズリ塩パンで腹ごしらえ

ブルーベリー塩パン 4800W

プレーンハード 3800W

ARTIST BAKERY p.32へ

## scene 9:00 ▶EPISODE.1 高校生にタイムリープしたときのシーン

ドラマロケ地の常連!
### ソウル中央高等学校
서울중앙고등학교／ソウルチュンアンコドゥンハッキョ

北村の昌徳宮に隣接した高校。『冬のソナタ』に始まり、ドラマやMVのロケ地として多数起用されている。登下校時間帯は避け、校門の外から眺めるにとどめよう。

入口は中高共通!
校内は立入禁止!

📍鍾路区昌徳宮キル164 🚇3号線安国駅3番出口から徒歩10分

北村

## ➕ MORE
### ガチ勢なら足をのばして水原へ!

実は重要な場面のロケ地は京畿道・水原(スウォン)に多く分布!

▶EPISODE.1
ソルの家
(向かいがソンジェの家)
**Mong Ted**
몽테드／モンテドゥ
☎0507-1338-9576 📍水原市八達区華西門路48番キル14 ⏰12:00~23:00 休水曜 🚄高速鉄道水原駅からタクシーで10分 日本語 × カード ○ 📷 @__mongted

▶EPISODE.6
ソンジェがソルの兄にドロップキックされるシーン
**華虹マート**
화홍마트／ファホンマトゥ
📍水原市八達区正祖路886番キル21 🚄高速鉄道水原駅からタクシーで10分

▶EPISODE.6
ソンジェがソルに告白するシーン
**華虹門**
화홍문／ファホンムン
📍水原市八達区水原川路377 🚄高速鉄道水原駅からタクシーで10分

---

## Custom K-Drama

**8:00** 🍴
ARTIST BAKERYで朝ごパン
↓ 🚕 タクシー7分

**9:00** 🔭
ソンジェとソルが通う高校へ
↓ 🚇 3号線3分
p.65
p.66

**10:00** ☕
おそろいのキーホルダーをもらったレトロカフェ
↓ 🍴 徒歩12分

**12:00** 🍴
OLDIES HOT DOGでランチ
↓ 🚇 4号線→6号線37分

**14:00** ☕
ソンジェがソルに会いに来た漢江ビューカフェ
↓ 🍴 徒歩10分

p.67

**15:30** 🔭
漢江沿いを散歩
↓ 🚌 20分

**17:00** ☕
サインも拝める初デートカフェ
↓ 🚇 2号線5分

**19:00** 🍴
夜ごはんは参鶏湯
↓ 🚇 2号線6分

**20:00** 🔭
ECLIPSEのコンサート会場へ

**10:00** ▶ EPISODE.11

デートでソンジェから<mark>おそろいのキーホルダー</mark>をもらったカフェ

### レトロ感性あふれる
## コーヒー韓薬房＆恵民堂
커피한약방&헤민당／コピハニャッパン＆ヘミンダン

乙支路の狭い路地裏に佇む隠れ家カフェ。店名は、名医ホジュンが庶民に医療を施した「恵民署」からきている。螺鈿のアンティーク家具のゴージャスな内装は一見の価値あり。

五味子ムース 8000W

乙支路

2人が座っていたのはこの席！

☎070-4148-4242 📍中区三一大路12キル16-6 ⏰10:00〜22:00、土曜11:00〜、日曜・祝日11:00〜20:00 🈚無休 🚇2号線乙支路3街駅1番出口から徒歩2分 [日本語][カード] ○ @coffee_hanyakbang

---

**12:00** HIPな乙支路で<mark>ホットドッグランチ</mark>

### できたてのプリプリホットドッグ
## OLDIES HOT DOG
올디스핫도그／オルディスハッドグ

レトロアメリカンな雰囲気漂うホットドッグ専門店。ソーセージには済州島産の豚肉を使用しており、ピリ辛パウダーと相性◎。

OLDIES HOT DOG SET 1万2900W

📍中区マルンネ路2キル35 ⏰11:00〜20:00(L.O.)、土・日曜、祝日12:00〜21:00(L.O.) 🈚無休 🚇3・4号線忠武路駅6番出口から徒歩4分 [日本語][カード] ○ @oldieshotdog

 乙支路

---

 **14:00** ▶ EPISODE.16

有名人になったソンジェが<mark>ソルの仕事場</mark>に会いに行くシーン

美しいカフェとあいまってエモい……

### 漢江を見渡す絶景カフェ
## TYPE 漢江店
타이프 한강점／タイプ ハンガンジョム

川沿いに立つビルの5階に位置。大きな窓からは、漢江と高層ビル群。昼と夜で異なった表情を楽しめる。ヴィンテージ家具で構成された内装も素敵。ハンドドリップコーヒー9500W。

☎0507-1322-2297 📍麻浦区士亭路1285F ⏰10:00〜22:00(21:00L.O.) 🈚無休 🚇6号線上水駅3番出口から徒歩7分 [日本語][カード] ○ @type.hangang

 上水

Custom
K-Drama

15:30 漢江沿いをぶらり

水面のきらめきを"ユンスル"というよ

漢江を眺めて癒やされる
## 麻浦歩きたい道4コース
（麻浦漢江道）
마포걷고싶은길4코스(마포한강길)／
マポコッコシプンキルサコス(マポハンガンキル)

左ページのTYPEの前の大きな道路を渡り、地下道を抜けるとたどり着ける。水面を眺めながら散歩を楽しみたい。

📍麻浦区上水洞308 🚇6号線上水駅3番出口から徒歩9分

麻浦

🎬 17:00　▶EPISODE.11
## キュンすぎる
## 2人の初デートカフェ

**本格紅茶がズラリと並ぶ**
## ティーアンパン 午後の紅茶
티암팡 오후의 홍차／ティアンパン オフエ ホンチャ

創業20年、韓国では珍しい紅茶の本格カフェ。メニューの数は驚異の160以上！ 梨花女子大の学生や、地元のお客さんたちがゆっくり過ごせる憩いの場として長年愛されている。

☎02-364-4196 📍西大門区梨花女大キル34 ⏰12:00～22:30 休無休 🚇2号線梨大駅3番出口から徒歩2分 日本語 カード

梨大

日本国籍のオーナーさんがおむかえ！

ピョン・ウソク様のサインも♡

2人が飲んだのはコレ！

ベリベリベリー（アイス）7800W

2人が座っていたのはこの席！

バニラチャイ（ホット）7400W

19:00
**夜は参鶏湯をハフハフ**

長安参鶏湯 p.20へ

参鶏湯 1万9000W

🎬 20:00　▶EPISODE.1
## ソンジェのバンド
## ECLIPSEのコンサート会場

### 東大門デザインプラザ
DDP(동대문디자인플라자)／
ディディピ(トンデムンディジャインプラジャ)

流線形の独特の建物は、東大門のランドマーク的存在。大型催事場やミュージアム、デザインビジネス拠点、食事や買物ができるデザインマーケットから構成されている。

☎02-2153-0000 📍中区乙支路281 ⏰10:00～22:00(施設により異なる) 休無休 🚇2・4・5号線東大門歴史文化公園駅1番から徒歩1分

地下には飲食店も

東大門

ドラマに合わせて夜に訪問！

# カスタムルート ⑥
## 入れ替えSPOTアイデア

## 『涙の女王』

▶ STORY
結婚生活の危機を迎えていたデパート業界の女王と田舎出身の夫。そんなふたりの間に、奇跡のように再び愛が芽生え始めて…。

▶ CAST
キム・スヒョン、キム・ジウォン、パク・ソンフン

Netflixで配信中

---

▶ EPISODE.7&8

ヒョヌ（キム・スヒョン）行きつけの定食屋
### フェナム食堂
회나무식당／フェナムシッタン

こぢんまりと落ち着いた雰囲気の食堂。韓国料理が定食で提供されるのでおひとりさまでも安心。代表メニューはスンドゥブ1万2000W。

☎02-790-0831　📍龍山区緑莎坪大路238-1
🕐11:00〜21:00（15:00〜17:00ブレイクタイム）、土曜10:00〜　休日曜　🚇6号線緑莎坪駅1番出口から徒歩7分　日本語✕　英語○　カード○

梨泰院

---

▶ ALL EPISODES

クイーンズデパート
### ザ・現代ソウル
더현대 서울／ドヒョンデ ソウル

地下2階、地上8階に700余りの店舗が入店する百貨店。センスあふれるブランドラインナップで今ソウルで一番アツいものが集結。

☎02-767-2233　📍永登浦区汝矣大路108　🕐10:30〜20:00、金〜日曜〜20:30　休不定休　🚇5号線汝矣ナル駅1番出口から徒歩5分　日本語△　英語○　カード○　📷@thehyundai_seoul

汝矣島

---

▶ EPISODE.1

ホン家の屋敷
### ウリイェットル博物館
우리옛돌박물관／ウリイェットルパンムルグァン

城北洞に2015年開業した、韓国初の石造遺物専門の博物館。敷地面積は5500坪で、3階建ての展示館と屋外展示場で構成されている。

☎02-986-1001　📍城北区大使館路13キル66
🕐10:00〜17:00、土・日曜・祝日〜18:00（12〜2月以外）※閉館1時間前入場締切　休月曜　🚇4号線漢城大入口駅5番出口から車で6分　7000W　英語○　カード△　📷@korean.stone.art.museum

城北

# Custom
## K-Drama

他のルートの合間に回っても◎

### 『私の夫と結婚して』

▶ EPISODE.1

ジウォン（パク・ミニョン）が2013年に戻り、慌てて会社を飛び出すシーン

#### 乙支路入口駅2番出口
을지로입구역 2번출구／ウルチロイックヨッ イボンチュルグ

乙支路入口駅の北側はオフィス街で、高層ビルが連なる。明洞を拠点としている場合は訪れやすい。明洞方面は5・6番出口。

📍中区乙支路35

明洞

### 『ザ・グローリー ～輝かしき復讐～』

▶ EPISODE.1

ドンウン（ソン・ヘギョ）行きつけのカフェ

#### Cafe Rosso
카페로쏘／カペロッソ

自家焙煎の本格コーヒーを楽しめる。オーナーがデザインした店内のインテリアにも注目。キャストが使ったテーブルは入って右奥。

☎02-722-2622 📍鍾路区三清路81-12 ⏰11:00～21:00 休無休 🚇3号線安国駅1番出口から徒歩16分 日本語○ 英語△ カード○ 📷@cafe rosso_official

三清洞

### 『ウ・ヨンウ弁護士は天才肌』

▶ EPISODE.10

ヨンウ（パク・ウンビン）と
ジュノ（カン・テオ）が歩いた道

#### 徳寿宮石垣道
덕수궁 돌담길／トクスグン トルダムキル

徳寿宮の正門である「大漢門」の左側にのびる、約800mの道。韓国では「トルダムキル」と呼ばれる人気デートスポット。

☎02-771-9951 📍中区世宗大路99 ⏰24時間 休無休 🚇1・2号線市庁駅1番出口から徒歩1分

市庁

### 『わかっていても』

▶ EPISODE.1

ジェオン（ソン・ガン）と
ナビ（ハン・ソヒ）が出会った店

#### JR. PUB
제이알펍／ジェイアルポプ

カラフルな照明で雰囲気のあるバー。国際色豊かな梨泰院らしく、外国人の利用も多い。ドラマのようにダーツに興じても！

☎0507-1372-3567 📍龍山区普光路127 ⏰17:00～翌4:00、土・日曜～翌6:00 休無休 🚇6号線梨泰院駅4番出口から徒歩1分 日本語× 英語○ カード○

梨泰院

69

## ohitori column

theme

### 期間限定だから楽しい ポップアップに行ってみた。

## ヘアケアブランド「unove(アノブ)」のポップアップに潜入！

ソウルで代わる代わる開催される期間限定のポップアップストア。コスメ、雑貨、食品、アイドルなど多様で、旅行の際はぜひ足を運んでほしいもののひとつです。今回はヘアケアブランドunoveのポップアップストアに行ってみました！

> スタッフが全員イケメンで震えた！

### できること① 新商品をいち早く試せる！

ポップアップは多くの場合、ブランドの立ち上げや新商品の発売を記念して開催されます。今回はunoveの新商品、ヘアパフューム3種を試すことができました。オンラインではわからない香りを実際に試せるので、購入時にも失敗がなさそう！

> 新商品のパフュームミストを体験！

### できること② 自分にピッタリの商品を見つけられる診断

タブレットで自分に合う香りの診断ができました。スタッフの人（イケメン）がやり方を教えてくれるうえに、英語でも書かれているので、韓国語がわからない人でも楽しめる仕様になっていて安心。特にコスメ関連のポップアップでは、セルフチェックができるイベントが多い印象です。

> 英語表記もあるから安心

### できること③ オリジナルフレームで撮影！

今回のポップアップのテーマ、「I'M MUSE」のフレームで写真が撮れるブースを発見！参加した記念を形に残せるのがうれしいポイントです。ここで撮影した写真は、次の④で使います。

> もちろん無料！

### できること④ 撮影した写真をデコれる！

ストアの屋外スペースには記念写真を自由に撮れる、映えフォトスポット、商品をその場で購入できるカウンター、そして謎の作業台が…。実はここで、③で撮影した写真をケースに入れ、自分好みにデコレーションすることができました。

> テーマカラーに合わせたリボンやラインストーンが用意されてた！

### できること⑤ 商品のサンプルがもらえる！

ポップアップの様子をInstagramで投稿した人にはサンプルをプレゼントしてくれます。今回はヘアパフュームのタグと、unoveの人気ヘアケアのサンプルセットがもらえました！ポップアップによっては現品がもらえる太っ腹なものもあります。

> 旅行中に使えるからうれしい！

# Premium Plan

プレミアムプラン

**001**
美容課金でキレイを磨きまくり
p.72

**002**
時間を忘れて感性を磨く ミュージアムの世界
p.80

**003**
新たな沼へ！ 韓国ミュージカル
p.86

ひとりだからこそ、
気を使わずにできることがある。
キホンの2泊3日に組み込んでもよし、
1日追加して満喫するもよし。
未経験者も、ソウルで新しい沼に
ハマるのはいかが？

## PREMIUM ①

# 美容課金で
# キレイを磨きまくり

最近ますますアツくなっているのが韓国美容。
韓国コスメや肌管理、個室チムジルバンから薬局アイテム…
枚挙にいとまがありません。
ひとりだからこそ自分磨きにじっくり時間をかけられるのもいいところ。
帰国時には別人級にキレイになれるかも!?

## Premium for BEAUTY

### ☑ コスメは特別な体験に金を払うべし！

今はほとんどのコスメが日本でも手軽に、韓国で買うのと同じような値段で買えちゃうので、「体験型」「オーダーメイド型」「品ぞろえ」などを重視したい！

### ☑ 結局自分に合うかどうかなんよ

美容課金についてはSNSでたくさんの情報が流れてるけど、結局自分に合うかどうか。きちんと診察してもらって、自分に合うものを見極める心の強さ、大事やで！

## PREMIUM Beauty

**2階にはキュートなカフェも**
# dasique 聖水フラッグシップストア
데이지크 성수 플래그십스토어／デイジク ソンス プルレグシプストオ

「自分だけの美を咲かせる」がテーマの、乙女心をくすぐるコスメブランド。一定金額以上でプレゼントなど、さまざまなイベントを期間限定で実施。

☎070-8211-3130 📍城東区練武場5キル6 🕚11:00〜21:00 休無休 📍2号線聖水駅4番出口から徒歩5分 日本語 英語 カード @dasique_official

聖水

2階はカフェになっており、dasiqueの世界観を感じられるメニューを楽しめる

ローズミルクティシャドウパレット
3万4000W

## K-COSME
韓国コスメは体験型ショップで

*Cosme*

**色展開の多さが自慢**
# fwee Agit 聖水
퓌 아지트 성수／ピアジトゥ ソンス

ぴったりの色が必ず見つかる「プリンポッド」で話題に。新商品の発売に合わせて、キーリングをもらえるなど、お得なイベントを実施している。

☎070-4044-0232 📍城東区聖水2路7カギル10 🕚11:00〜21:00 休無休 📍2号線聖水駅4番出口から徒歩5分 日本語 英語 カード @fwee_makeup

聖水

リップ＆チークグローイージェリーポッド（sugar powder）
2万W

リップ＆チークブラリープリンポッド（without）
2万2000W

3Dボリューミンググロス（バニラ70%）
1万8000W

## 肌管理
気軽さが桁違い！
美肌デビュー
への道

# 肌管理 HOW TO

## 1 | クリニック探し

まずはクリニックを探します。クリニックによって得意分野が変わるので、自分が受けたい施術や予算などによってセレクト。Instagramでは各クリニックが日本用のアカウントを運営しているので参考に。

**CHECK!**
- ☑ 予算は？
- ☑ 肌の悩みは？
- ☑ 日本語OK？
- ☑ 口コミは？

**カンナムオンニ**
韓国発の美容医療・美容整形情報アプリ。口コミを見られたり、クリニックの予約も可能

## 2 | クリニックを予約

基本的に飛び込みでの受診はできません。日本語OKのクリニックはLINEから事前に予約が可能です。日曜は定休日のことが多いので要確認。

## 3 | クリニックへ

予約の日時に合わせてクリニックへ。遅刻すると後回しにされて予定が狂いやすいので、時間には余裕をもって。パスポートは必須です。

**あると便利！**
- ☑ マスク
- ☑ 帽子
- ☑ だてメガネ

施術後すぐはメイクできないことが多いので、顔を隠せるものがあると安心！

## 4 | カウンセリング／상담(サンダム)

医師または室長と呼ばれる相談員が現状の肌悩みを見てベストな施術を提案します。日本語OKのクリニックの場合は通訳が入ります。

## 5 | お会計

施術に入る前にお会計をします。タックスリファンドができる場合もあるので問い合わせてみましょう。

## 6 | 施術

洗面所でメイクを落とし、施術を受けます。基本的にメイク落としなどはクリニックに置いてあるので持参する必要はありません。

麻酔クリームを塗ることも！

## 7 | 終了

支払いが済んでいる場合、終了後はそのまま帰ってOK。施術によっては抗生剤などの処方箋が出ることも。多くの場合近くに薬局があるので処方箋を提示し、薬を購入します。

---

**ダウンタイム DT少なめ オススメ施術**

### ララピール
効果 >> くすみ
相場 >> 5〜11万W

LHA(リポヒドロキシン酸)を主成分とするピーリング。肌を剥離しないので刺激が少なめで、敏感肌でも受けやすい施術。

### LDM
効果 >> 赤み、ダウンタイム軽減、乾燥
相場 >> 5〜10万W

別名「水玉リフティング」。肌に高密度の振動エネルギーを与えることで肌を引き締め、有効成分を導入。

### チタニウムリフト
効果 >> たるみ、ほうれい線、美白
相場 >> 30〜60万W

3つの波長の医療レーザーを同時に照射することで、リフティング、引き締め、トーンアップの3つの効果が期待できます。

---

myaoレベルになると痛くないとやった感ないんよ

※個人(猫)の意見

**PREMIUM Beauty**

**MENU**
オーダーメイド肌管理
**39万W〜**
医師のカウンセリングでその人にぴったりの施術を提案

**MENU**
**LDM**
**11万W**
皮膚トラブルを改善し、コラーゲン生成を促す。別の施術に追加の場合は5万5000W

## Skin-Care

信頼できる先生ってこういうコト！

### 先生が日本語OKで安心!
## Twinkle皮膚科 光化門店
트윙클의원 광화문점／トゥウィンクルウィウォン クァンファムンジョム

来院した人の肌だけでなく、心も輝かせるという、「You deserve to twinkle」が理念。必ず院長がカウンセリングをしてくれるので安心。クレンジングも全て行ってくれる。人気メニューはオーダーメイドのシミ・リフィング治療。

☎0507-1449-7555　📍鍾路区鍾路5キル13 サムゴンビル3F
🕛11:00 〜 20:30（13:30 〜 14:30は休憩、20:00最終受付）
休日曜　🚇1号線鍾閣駅1番出口から徒歩3分　日本語○ 英語○
カード○　📷@twinkleclinic_dr

光化門

幼少期を日本で過ごしたアン・ギョンミ院長は日本語が堪能でとてもフランク。必要ない施術はきっぱり不要と言ってくれるのが魅力

※美容医療の効果には個人差があり、リスクも伴います。
本誌ではトラブルの責任は負いかねますので、ご了承ください。

75

### カフェのようないでたちで新オープン
# SOSU CLINIC
소수의원／ソスウィウォン

2024年に聖水に開院。完全個室で安心して施術を受けられる。特にリフティングとフィラー施術が人気を集めている。

☎02-3409-1207 📍城東区上院1キル5 3F ⏰11:00～21:00（13:00～14:00は休憩、19:00最終受付）
休日曜 🚇2号線トゥッソム駅5番出口から徒歩5分 日本語 英語 カード
📷 @sosuclinic

### MENU
**ソプラノチタニウム**
**79万～120万W**
3つの波長のレーザーでリフティング、タイトニング、ブライトニング。ダウンタイムが少なく、直後から効果が感じられる

---

### MENU
**インモードFX+Forma**
**25万W**
脂肪層にアプローチするFXと弾力アップのFormaを組み合わせ

### リフティングに自信アリ!
# ドクタープチ医院 江南
닥터쁘띠의원 강남／ダクトプティウィウォン カンナム

200坪の大型クリニックに、医師21人が常駐。インモードやウルセラなどの人気機械を多数保有しているので、待ち時間が比較的少ないのがうれしい。

☎02-6941-0375 📍江南区テヘラン路4キル5 ヘアムビル3・5F ⏰10:00～20:00 休無休 🚇2号線・新盆唐線江南駅1番出口から徒歩2分 日本語 英語 カード 📷 @doctorpetit.gangnam

## 23時まで営業がありがたい
### Wellness pharm
웰니스약국／ウェルニスヤックッ

明洞で夜23時まで営業している、観光客たちの駆け込み寺的薬局。人気の商品はもちろん、ダイエット漢方なども幅広くそろう。

☎0507-1353-5088 中区明洞10キル51 ナインツリーホテル1F ⏰10:00～23:00 休無休 4号線明洞駅8番出口から徒歩1分 日本語 ○医語／○カード／○@wellnesspharm_md
※価格は変動あり

明洞

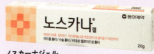

ノスカーナジェル
2万2000W

ニキビ跡に塗ることで、赤みを素早く鎮静してくれる。炎症が治まった後に塗るのがポイント

ウェルビーカット
4万9000W

韓薬師の資格を持つ社長が薬剤師と協力して開発したダイエット韓方。1日2回服用、6日分入り

ラションブ プロクレア
RNバーム 8万W

ほんのり色のついた再生クリーム。肌を再生しながらナチュラルメイクも叶う一品

## 薬局
### 本当にイイスキンケアはココにあった!?

**おひとりさま的**
**薬局 HOW TO**
✓ 目印は「약(薬)」の文字
✓ 価格は店舗により異なる
✓ 効果別のセット品も

# Pharmacy

センテリアン24 ブースティングアンプル
(PDRN、ヒアルロン酸、グルタチオン)
3点セット7万5000W

肌の再生を促すPDRN、ハリ肌へ導くヒアルロン酸、代謝を促進するグルタチオンの美容液

## 日本語OKでとっても親切
### 江南スクエア薬局
강남스퀘어약국／カンナムスクェオヤックッ

美容医療の聖地、江南駅に位置する薬局。日本語OKで、親身になって相談に乗ってもらえる。店内にはタックスフリーのキオスクも設置されている。

☎070-7954-3197 江南区テヘラン路101 ⏰9:00～21:00 (土曜～19:00、日曜～18:00) 休無休 2号線・新盆唐線江南駅11番出口から徒歩1分 日本語・○医語／○カード／○@gangnampharm

江南

むくみ取りセット(1日分) 1万4000W

むくみ解消効果のあるアーティチョークエキス、カボチャ汁、エラスエー(トロキセルチン)、フェイスライナーのセット。ダウンタイムの腫れに効果的

リジュダーマ
アトクリーム
4万W

人気の再生クリーム。美容施術後の肌の回復を早めてくれる。もちろん普段使いもOK

77

### MENU
**24Kリアルゴールド
デトックスセラピー
90分 18万7000W**

金箔入りの美容液を使って全身をケア。しっとり潤う仕上がりに

1 広々とした個室 2 好きな香りの入浴剤を選べる 3 サロン専売品のスキンケア＆ドライヤー完備なので、手ぶらでOK！

## spa

### 個室アカスリ
体の老廃物をぜーんぶ排出してスッキリ！

もう大浴場ですっぽんぽんで転がされないでいいのね…

#### 豊富なコースの個室アカスリ
## SPA BIDAN
1인 세신샵 비단／イリン セシンシャプ ビダン

プロの手によるアカスリを、ラグジュアリーな個室で受けられるスパ。人目を気にせずリラックスできる。アメニティも充実しているので手ぶらでOK。金浦空港に近いので、帰国前に寄って疲れを取ってから帰るのがおすすめ。

☎010-8549-0433 ♦江西区禾谷路44ガキル39 ブラウンドットホテルB1F ⏰7:00～24:00 休無休 🚇5号線禾谷駅3番出口から徒歩16分 日本語 英語 カード @bdan_spa ※要予約（LINE ID：@bdan_spa）

禾谷

こちらもCheck!
**スパヘウム** p.16へ

### 施術の流れ
1 コース選択、チェックシート記入
2 決済
3 脱衣所で軽くメイクを落とし、服を脱ぐ
4 ドリンクを飲みながら湯船に15分浸かる
5 アカスリ＆マッサージ＆シャンプーを受ける
6 脱衣所でスキンケア＆ドライヤー

78

# PREMIUM Beauty

自分では絶対しないようなスタイリングに感動！

パーソナルカラー診断も人気

診断のみ15万W、ヘア&メイクコースにプラスすると計29万W

## Make-Up

BEFORE → AFTER

**MENU**
ヘア&メイク
**15万W**
スキンケア、メイク、スタイリングまでセット

### メイクアップ
プロの力でアイドルに変身!?

まつ毛作りがスゴすぎた！

現実見たくなくなるよね…(??)

**LINEから予約OK!**
## DIONY Makeup & Hair
디오니／ディオニ

「せっかく韓国に来てヘアメイクを受けるのだから、大満足で帰ってほしい」という思いで、ひとりひとりの好みや顔の形、髪質に合わせたスタイルを提案してくれる。

☎02-6080-1014 📍江南区島山大路53キル10 2F ⏰7:00〜19:00 休無休 💳水仁・盆唐線狎鴎亭ロデオ駅3番出口から徒歩6分
🇯🇵日本語○ 英語○ カード○ @diony_jp ※要予約（LINE ID:@269wzisz）

狎鴎亭

塗り直し用のリップもくれる♡

79

## PREMIUM ❷

# 時間を忘れて感性を磨く
# ミュージアムの世界

おひとりさまで有意義な時間を過ごすなら、ミュージアムも欠かせない存在。
自分の興味のあるものを自分のペースでじっくり鑑賞して、知識を深めたり、感性を磨く時間を!

### ☑ 音声ガイドは絶対借りるべき!

ミュージアムによっては日本語の音声ガイドを無料・有料でレンタルできる場合も。理解を深めるためには絶対借りたほうがいい! 基本的にチケット売り場付近でレンタルできます

### ☑ 狙い目は平日昼間

人気の展示の場合、週末は混み合って落ち着いて鑑賞できないことも多いので、平日昼間が狙い目

※展示内容は変更になる可能性があります。
事前に公式HPやInstagramを確認してください

# Premium
# for MUSEUM

# PREMIUM Museum

## おひとりさま的 ミュージアムHOW TO

○ **開館時間・休館日をチェック**
意気込んで訪れたのに閉館日だったらがっかり。事前のチェックを忘れずに。月曜休館の施設が多め

○ **展示を見るときは手荷物少なめに**
大きな荷物を持って鑑賞はできないことが多いので、入口付近のロッカーに預けて、身軽な状態で鑑賞しましょう

○ **予約の要不要を確認**
期間限定の展示などの場合、予約が必要な場合も。オンラインで予約ができることもあるので、事前に確認しておきましょう

話題の展示情報はインスタで情報収集！
📷 place archive　@place_archive

---

©GROUND SEESAW

空間自体が映えの権化

### 隠れ家のような独立系アート空間
## GROUND SEESAW 西村
그라운드시소서촌／グラウンドシソ ソチョン

ユニークで流行をとらえた企画展示を数多くおこなう美術館。展示が変わるたびにSNSで話題を呼んでいる。企画意図を活かした展示空間そのものも見どころ。聖水、明洞にもあり。

☎070-4473-9746　📍鍾路区紫霞門路6キル18-8　🕙10:00～19:00 ※最終入場 18:00　休毎月第1月曜　🚇3号線景福宮駅3番出口から徒歩3分　💴1万7000W（展示により異なる）
日本語×英語　○カード　○📷 @groundseesaw

西村

🛍 Museum Shop

### 未来派デザインの建築にも注目
## FUTURA SEOUL
푸루라 서울／プトゥラ ソウル

2024年9月に北村韓屋村にオープンしたばかりの展示空間。3階建てて、主な展示室は1〜2階。屋上には庭園もある。展示はもちろん、窓から見える韓屋の街並みも絵画のよう。

☎02-3676-1000 ◎鍾路区北村路61 ⓒ9:30〜18:00、土曜〜21:00 休月曜 ➡3号線安国駅2番出口から徒歩6分 ￥2万2000W 日本語×英語○ カード○ ◎ @futuraseoul

©Futura Seoul 写真提供：チェ・ヨンジュン、キム・ドンジュン

### 現代アートに出合える特別な美術館
## D MUSEUM
디뮤지엄／ディミュジオム

建築業界大手の大林グループの文化財団が開業した美術館。2021年に聖水に移転。「撮りたくなる美術館」の先駆け。展示は不定期開催だが、ミュージアムショップは一年中利用可。

☎02-6233-7200 ◎城東区往十里路83-21 ⓒ11:00〜18:00、金・土曜〜19:00 ※最終入場1時間前 休月曜 ➡水仁盆唐線ソウルの森駅4番出口から徒歩1分 ￥1万2000W 日本語○ 英語× カード○ ◎ @daelimmuseum

# PREMIUM Museum

石油タンクがアート空間に
## 文化備蓄基地
문화비축기지／ムナビチュッキジ

1970年代に使われていた石油タンクを、文化空間として再利用した複合文化空間。広大な敷地内には6つのタンクがあり、展示やさまざまなイベントが開催される。

☎02-376-8410 ♀麻浦区繪山路87 ⏰T1〜T6タンク10:00〜18:00 屋外公園24時間 カフェ10:00〜19:00※最終入場1時間前 休月曜 🚇6号線ワールドカップ競技場駅1番出口から徒歩10分 無料 日本語 × 英語 × カード
◯ @culturetank

BTSの映像もここで撮影
## 国立中央博物館
국립중앙박물관／クンニッチュンアンパンムルグァン

アジア最大級の博物館。国宝や文化財を多数展示しており、1日では見きれないほどのスケールを誇る。屋外の庭園には史跡まで展示されている。BTSが博物館の入口で撮影したことでも話題に。

☎02-2077-9000 ♀龍山区 西冰庫路137 ⏰10:00〜18:00、水・土曜〜21:00※最終入場1時間前 休無休 🚇4号線二村駅2番出口から徒歩5分 無料（特別展示は有料）日本語
◯ 英語 カード ◯ @nationalmuseumofkorea

貴重なお宝の
パワーを
感じる！

### 建物全体を楽しみたい
## Piknic
피크닉／ピクニッ

70年代に建てられた製薬会社の社屋をリノベーション。カフェやショップも入っており、企画ごとに大きく雰囲気が変わって楽しい。

☎02-318-3233 ♥中区退渓路6ガキル30 ⏰10:30～18:30※最終入場 1時間前 休月・火曜 ⊕4号線会賢駅3番出口から徒歩3分 ¥1万8000W（展示により異なる） 日本語○×英語○ カード○ ○ @piknic.kr

南大門

### 現代美術の中心地
## 国立現代美術館 ソウル館
국립현대미술관 서울／クンニッヒョンデミスルグァン ソウル

地下3階・地上3階の大規模な美術館。国内外の現代美術の展示のほか、映像館やカフェ、フードコートまであり一日中楽しめる。

☎02-3701-9500 ♥鍾路区三清路30 ⏰10:00～18:00、水・土曜～21:00※最終入場1時間前 休無休 ⊕3号線安国駅1番出口から徒歩14分 ¥展示により異なる 日本語○ 英語○ カード○
○ @mmcakorea

三清洞

### 個性的な空間で楽しむ現代アート
## 大林美術館
대림미술관／デリムミスルグァン

景福宮の横にある、カラフルなステンドグラスが目を引く建物。まだ広く知られていない才能あふれるアーティストを紹介する穴場。

☎02-720-0667 ♥鍾路区紫霞門路4キル21 ⏰11:00～19:00、金・土曜～20:00※最終入場1時間前 休月曜 ⊕3号線景福宮駅3番出口から徒歩3分 ¥1万5000W 日本語○ 英語○
○ カード○ ○ @daelimmuseum

景福宮

# PREMIUM
## Museum

美術館まで割ときつめの坂があるヨ

### 韓国の美術と文化を体験するミュージアム
## Leeum美術館
리움미술관／リウムミスルグァン

古美術のミュージアム1、現代美術のミュージアム2は入場無料。企画展示は毎回話題に。

☎02-2014-6900 📍龍山区梨泰院路55キル60-16 🕙10:00～18:00※最終入場1時間前 休月曜 6号線漢江鎮駅1番出口から徒歩5分 無料～1万8000W（展示により異なる）日本語○英語○カード○
📷@leeummuseumofart

漢南洞

### 韓国の伝統工芸をおしゃれに展示
## ソウル工芸博物館
서울공예박물관／ソウルコンイェパンムルグァン

2021年開館。ポジャギや刺繍、陶磁器、木工芸品など、過去／現代の工芸品を幅広く展示。

☎02-6450-7000 📍鍾路区栗谷路3キル4 🕙10:00～18:00、金曜～21:00※最終入場30分前 休月曜 3号線安国駅1番出口から徒歩2分 無料 日本語×英語○カード○📷@seoulmuseumofcraftart

安国

### 景福宮の敷地内に位置
## 国立民俗博物館
국립민속박물관／クンニッミンソッパンムルグァン

お寺のような外観が特徴的な博物館。朝鮮半島に暮らす人々の伝統文化や風習を学べる。

☎02-3704-3114 📍鍾路区三清路37 🕙3～10月9:00～18:00、土曜～20:00、11～2月～17:00※最終入場1時間前 休無休 3号線安国駅1番出口から徒歩15分 無料 日本語○英語○カード○📷@tnfmk

市庁

### 奥深き韓国の「餅」文化
## 餅博物館
떡박물관／トッパンムルグァン

伝統餅にまつわる道具や、各節句の餅料理のサンプルを展示。庶民の暮らしが垣間見える。

☎02-741-5447 📍鍾路区敦化門路71 2～3F 🕙10:00～18:00※最終入場1時間前 休日曜 1・3・5号線鍾路3街駅7番出口から徒歩3分 3000W 日本語×英語×カード○📷@tteok_museum

仁寺洞

85

## PREMIUM ②

# 新たな沼へ！
# 韓国ミュージカル

おひとりさまにぜひおすすめしたいのが韓国ミュージカル。韓国のハイレベルな舞台に圧倒されること請け合いです。韓国語がわからなくても楽しめるコツ&作品を紹介します。

写真：アフロ

☑ **公演中は喋らないからひとりで問題なし！**

当たり前ですが公演中は1人で行っても2人で行っても変わらないので、ひとりでの時間の過ごし方としては超有効！

☑ **あの有名人も間近で見られる！**

ドラマや映画でよく見かける俳優さん、実はミュージカル出身の人も多いんです。ミュージカルなら生でその演技を見られるチャンス！

## Premium for MUSICAL

PREMIUM
Musical

## おひとりさま的
# ミュージカルHOW TO

### 1 | 日程＆キャスト＆会場を確認

まずは公演の日程とキャストをInstagramで確認。情報アカウントなら総合的な情報を入手できます。

**公式アカウント**
- EMKミュージカルカンパニー ◎ @emk_musical
- CJ ENM MUSICAL ◎ @cjenm.musical
- OD COMPANY ◎ @od_musical
- SEENSEE COMPANY ◎ @i_seensee

**情報アカウント**
- MULAB ◎ @saymulab
- MUSICAL LAND ◎ @musical___land

### 2 | チケットを購入

有名作品であればチケットは日本からも購入可。日付と時間、座席を指定して海外カード決済を。

Interpark global

### 3 | 予習する！

当然ミュージカルは韓国語ですが、韓国語がわからなくても事前にさまざまなコンテンツを通して予習しておけば、話の流れがわかって楽しめます

**予習のしかた**
- ☑ 日本版ミュージカルを観る
- ☑ 映画を観る
- ☑ 原作小説を読む
- ☑ あらすじのまとめサイトをチェックする

など

### 4 | 会場でチケット受け取り

会場についたらチケットボックスでチケットの受け取りを。Interparkの予約画面を見せればOK。

### 5 | フォトゾーン＆キャスト表を撮影♡

会場には作品ごとのフォトゾーンが設けられていたり、当日のキャスト表が掲出されているので、思い出に撮影をして開演を待ちましょう。

チケットと一緒に撮るのがオススメ

### 6 | 席についてあとは楽しむ！

席についたら開演を待つのみ。ミュージカル鑑賞中のマナーはしっかりおさえておきましょう。

**ミュージカルのマナー**

☑ **私語厳禁**
どんな公演でも言えることですが、特にミュージカルに雑音は厳禁

☑ **撮影可能タイム以外は撮影NG**
作品によってはカーテンコールのみ撮影可の場合も

☑ **飲食は会場外で**
会場内での飲食はNG。ロビーで済ませましょう

☑ **背もたれにしっかりもたれて座る**
前に乗り出すと後ろの席の人の視野をふさぐことに

☑ **スマホは電源OFF**
静かなシーンでバイブ音が鳴ろうものなら大ヒンシュク！

# 韓国語がわからなくても楽しめる！ おすすめミュージカル9選

写真：YONHAP NEWS/アフロ

### ドラァグクイーンのブーツを作ろう！
## キンキーブーツ
킹키부츠／キンキブチュ

> myaoイチオシ
> 最愛ミュージカル

**あらすじ** 廃業危機の靴工場を受け継いだチャーリーはドラァグクイーンのローラに偶然出会い、工場を立ち直らせるビッグアイデアを得る。80cmのドラァグクイーン用ブーツ「キンキーブーツ」がまさにそのアイテム。二人はキンキーブーツを引っ提げてショーに出ることにするが、靴紐がほどけるように小さな問題があちこちで生じてしまい…。

**見どころ** 何と言ってもドラァグクイーンのローラの存在感。登場シーンの楽曲「Land of Lola」で会場の視線をかっさらい、ありのままの自分を愛してほしいという心の叫びを歌った「Hold me in your heart」は涙なしには見られない！

**予習方法**
日本版ミュージカルあり

---

### コミカル&スタイリッシュな大人のショー
## シカゴ
시카고／シカゴ

> コミカルだから重くないよ！

**あらすじ** 1920年代のシカゴ。クック郡刑務所には女性囚人たちが。なかでも売れっ子女優だったヴェルマ・ケリーは刑務所最高のスター囚人。しかし、そこに情夫を殺したコーラスガール、ロキシー・ハートが入所し、人気を横取り。さらには敏腕弁護士ビリー・フリンさえ彼女に奪われてしまう。窮地に陥ったヴェルマが思いついた打開策とは…？

**見どころ** 鬼才、ボブ・フォッシーによる振り付けとセクシーな衣装は、この作品を語るうえで欠かせないエッセンス。またチェ・ジェリム扮するビリー・フリンが腹話術を披露する「We both reached for a gun」は韓国でネットミームになり人気を博した。

**予習方法**
・映画「シカゴ」（主演：レニー・ゼルヴィガー、キャサリン・ゼタ＝ジョーンズ、リチャード・ギア）

---

### 世界三大ミュージカルのひとつ！
## レ・ミゼラブル
레미제라블／レミジェラブル

> ずっと胸熱…

**あらすじ** ジャン・バルジャンはパンを盗んだ罪で投獄後、司教の高貴な愛を経験する。新たに人生を始めた彼は、貧しい人たちに施しをして市長にまで出世する。革命に参加したマリウスは死の危機に瀕しているところをジャン・バルジャンによって助けられる。彼の崇高な人間愛と博愛精神は、彼を追うジャベール警部の心まで変化させるに至るが…。

**見どころ** ジャン・バルジャンが主人公ではあるものの、貧しいなか娘のために働くフォンテーヌ、その娘コゼット、フランス革命に参加するマリウスなど、登場人物ひとりひとりにドラマがあり。「夢やぶれて」「民衆の歌」など、一度は聞いたことのある名曲はたまらない！

**予習方法**
・原作小説『レ・ミゼラブル』（ヴィクトル・ユゴー著）

# PREMIUM
## Musical

### 「善」と「悪」一人二役!
## ジキル&ハイド
지킬앤하이드／ジキルエンハイドゥ

主演俳優の演じ分けは圧巻

**あらすじ** 1888年ロンドン、有能な医師で科学者のジキルは、人の精神から善と悪を分離できる治療剤の研究を始める。彼は自らが実験対象になることを決め、自分の体に実験中の治療剤を注射する。その結果、望み通りに善と悪を分離させることに成功するが、悪に満ちた自我、ハイドが誕生する。「ハイド」は「ジキル」を掌握し統制不能な状態になるが…。

**見どころ** 主演俳優の善と悪の演じ分けは圧巻。2024年の公演では、ミュージカル界のトップスター、ホン・グァンホ、チョン・ドンソク、ドラマでも大活躍キム・ソンチョルが好演。「時が来た」は多くのアーティストがカバーする名曲。

**予習方法**
・原作小説『ジキル博士とハイド氏』(スティーヴンソン著)
・日本版ミュージカルあり

### 子どもも大人も楽しめる
## マチルダ
마틸다／マティルダ

子どもたちがスゴすぎて

**あらすじ** 5歳の天才少女マチルダ。しかし、マチルダに全く関心がない親はマチルダを嫌悪して本ばかり読んでおかしな子だと叱る。校長のミス・トランチブルは、子どもたちを「ウジ虫」と称して軽蔑し、苦しめる。しかし、マチルダは自分を理解して励ましてくれる先生ミス・ハニーに出会い、校長の継続的な抑圧と暴力行為に抵抗し、自分の隠れた能力に目覚めていく。

**見どころ** マチルダをはじめ、子役たちの演技力・歌唱力に脱帽。大人になったらしたいことを歌った「When I grow up」では、舞台上にブランコが登場。個性的な振り付けでファンタジーの世界に入り込める。ナンバーは少ないが、ミス・トランチブルの存在感もクセになる!

**予習方法**
・映画『マチルダ』(主演:マーラ・ウィルソン、エンベス・デイヴィッツ、パム・フェリス)
・日本版ミュージカルあり

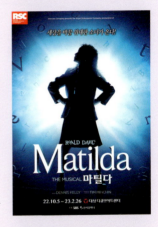

### 韓国ではミュージカルで大バズり
## デスノート
데스노트／デスノトゥ

JYJのジュンスがハマり役

**あらすじ** 名前を書かれたものは死ぬという「デスノート」を拾った夜神月。自分の手で犯罪者を処刑し、正義で新しい世界を作っていくことを決心する。人々は犯罪者を処刑する彼を「キラ」と呼び信奉し始める。世界中の未解決事件を解決してきた探偵Lは、天才的な推理で数多くのデータを分析しキラの正体に一歩一歩近づいていくが…。

**見どころ** 漫画を読んだ人なら誰もが納得のクオリティ。チケットは毎回売り切れ続出になるほどの人気作。月(キラ)とLの対比がロック調で表現されるナンバー「デスノート」はこの作品の象徴ともいえる。

**予習方法**
・原作漫画『DEATH NOTE』(大場つぐみ原作、小畑健作画)

写真:アフロ

### 美しいセットにも注目
# 笑う男
웃는남자/ウンヌンナムジャ

韓国ミュージカルの底力を感じる

**あらすじ** 17世紀、イギリス。子どもたちを誘拐し、コンプラチコという人身売買集団により口を裂かれた少年グウィンプレンは、盲目の赤ん坊デアとともにウルシュスに拾われ、流浪の劇団を結成し、グウィンプレンはヨーロッパ全土で人気の道化師に。しかし、グウィンプレンの前に肉親を名乗る者が現われ、自分の出生の秘密を知らされて…。

**見どころ** ヴィクトル・ユゴー原作小説をもとに5年かけて作り上げた、韓国オリジナルミュージカル。見どころはなんといってもその美しい舞台美術。童話の世界に入り込んだような気分に。韓国ドラマ顔負けのストーリーものめり込んで鑑賞できるポイント。

**予習方法**
・原作小説『笑う男』(ヴィクトル・ユゴー著)
・日本版ミュージカルあり

---

写真:アフロ

### イケメン実力派多出!
# 三銃士
삼총사/サムチョンサ

歌ウマの推しが出るかも!?

**あらすじ** フランス王室の銃士になることを夢見る青年ダルタニャンは、銃士隊として活躍していたアトス、ポルトス、アラミスの三銃士に出会う。3人と決闘をするはずが、彼らを逮捕しようとしたリシュリュー枢機卿の護衛士を4人で返り討ちにすることで三銃士の仲間入りをすることに。恋人コンスタンスと愛を育むが、ある日彼女が消息を絶ち…。

**見どころ** 2009年に韓国で初演されて以来、作品性も大衆性が認められ、観客から長い間愛されている作品。アクロバット、剣術など迫力ある華麗なアクションは見応え抜群。ウンガァン(BTOB)、レン(NU'EST)、フイ(PENTAGON)など、アイドルも多くキャスティング。

**予習方法**
・原作小説『三銃士』アレクサンドル・デュマ・ペール
・日本版ミュージカルあり

---

写真:アフロ

### 売れっ子俳優の登竜門
# 光化門恋歌
광화문연가/クァンファムンヨンガ

懐メロ聞いてる感覚!

**あらすじ** 中年のミョンウは今、臨終を目の前にして集中治療室で最後の心肺蘇生中だ。彼は記憶の展示館を訪れ、そこで縁を司る未知の人物、月下(ウォルハ)に出会う。彼の案内でミョンウは初恋の記憶であるスアに会って若い時代に戻る。幻想と記憶、現実が交差する微妙な状況の中で記憶の中の自分と一つずつ向き合うようになるが…。

**見どころ** 80~90年代の歌謡曲のバイブスを感じられる楽曲に。聞いていて懐かしい感覚に。ここ最近の月下役常連はバラエティでも活躍中のキム・ホヨンで、ハマリ役だと話題に。若手俳優の登竜門でもあるので、推しの青田買いをしたい人にはうってつけ。

**予習方法**
・CJ ENM MUSICALの公式YouTube
・ネットのあらすじまとめ記事　など

# 主な会場

通うことになるかも!?

PREMIUM
Musical

| キャパ | 1250席 |
| --- | --- |
| アクセス | ★★★ |
| 周辺食事スポット | ★★★ |

ソウル中心部でアクセス◎

## 忠武アートセンター
충무아트센터／チュンムアートゥセント　　新堂
☎02-2230-6600　📍中区退渓路387
🚇2・6号線新堂駅9番出口から徒歩1分

| キャパ | 1766席 |
| --- | --- |
| アクセス | ★★★ |
| 周辺食事スポット | ★★☆ |

漢南洞のショッピングのついでに

## ブルースクエア
블루스퀘어／ブルルスクエオ　　漢南洞
☎1544-1591　📍龍山区梨泰院路294
🚇6号線漢江鎮駅2番出口直結

| キャパ | 2283席 |
| --- | --- |
| アクセス | ★★☆ |
| 周辺食事スポット | ★☆☆ |

ミュージカルは「オペラ劇場」で!

## 芸術の殿堂
예술의전당／イェスレチョンダン　　南部ターミナル
☎1668-1352　📍瑞草区南部循環路2406
🚇3号線南部ターミナル駅5番出口から徒歩12分

| キャパ | 3022席 |
| --- | --- |
| アクセス | ★★★ |
| 周辺食事スポット | ★★★ |

立地はピカイチ

## 世宗文化会館
세종문화회관／セジョンムナフェグァン　　光化門
☎02-399-1000　📍鍾路区世宗大路175
🚇5号線光化門駅1番出口から徒歩1分

| キャパ | 1260席 |
| --- | --- |
| アクセス | ★★★ |
| 周辺食事スポット | ★★★ |

ロッテワールドタワーのすぐ隣

## シャルロッテシアター
샤롯데씨어터／シャロッテシオト　　蚕室
☎1644-0078　📍松坡区オリンピック路240
🚇2・8号線蚕室駅3番出口から徒歩4分

| キャパ | 1808席 |
| --- | --- |
| アクセス | ★★☆ |
| 周辺食事スポット | ★★☆ |

ソウルを東京とすると横浜的な位置

## 城南アートセンター
성남아트센터／ソンナムアトゥセント　　城南
☎031-783-8000　📍京畿道城南市盆唐区城南大路808
🚇水仁盆唐線・京江線二梅駅1番出口から徒歩10分

91

# TOUR

話題の街を集中攻略

Seosulla-gil | Seochon | Yongnidan-gil | Euljiro | Songridan-gil

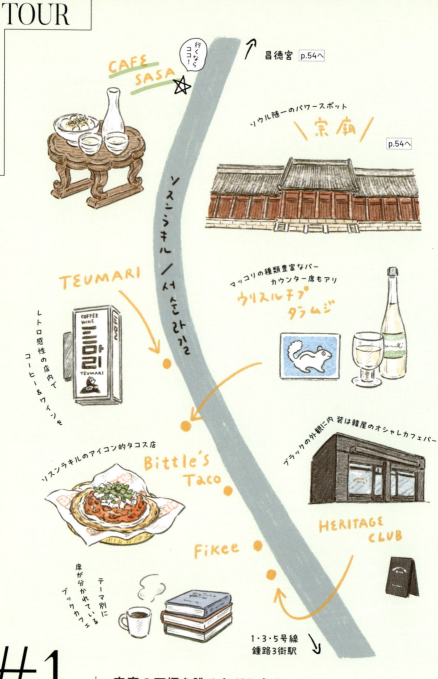

# #1

宗廟の石垣を眺めながら歩く

## ソスンラキル  서순라길

## Q2 どんなエリア?
### A 注目度No.1のホットプレイス

ソスンラキルは王族の霊が祀られた「宗廟(チョンミョ)」の石垣に沿う路地。ここ5年ほどでリノベーションされた韓屋カフェや個性的なショップが増え、ソウルっ子たちの注目エリアに。ひとりでのんびり散歩しながら、歴史的な雰囲気を感じられるのが魅力です。

## Q1 どのへんにある?
### A 仁寺洞(インサドン)や益善洞(イクソンドン)の近く

最寄りは地下鉄1・3・5号線の鍾路3街駅3番出口。明洞から10分、仁寺洞や韓屋が立ち並ぶ益善洞などは徒歩圏内、広蔵市場も徒歩15分程度で行けます。

一緒にパワスポの宗廟も行こ〜っと

## Q3 見どころは?何ができる場所?
### A 石垣を見ながらカフェタイム

ソスンラキルにはカフェやバー、飲食店がずらりと並びます。逆にショッピングできるスポットは少なめ。韓屋をリノベーションしたカフェならおひとりさまでも入りやすい!

行くならココ!

木々が風に揺れる音が店名の由来

**CAFE SASA**
카페사사/カペササ

焼いた餅(カレトッ)とシッケ(米を発酵させた飲み物)または水正果(シナモン味の伝統飲料)がセットになったハンサンチャリム9300Wが人気。

## Q4 所要時間&ベストな時間帯は?
### A 歩くだけなら往復30分。夕方以降がにぎわう

ソスンラキルは全長600mほどの一本道。風景を眺めながらゆっくり歩いた場合でも、往復30分程度でサクッと回れます。にぎわいを見せるのは夕方以降。

☎0507-1420-7001 ♦鍾路区ソスンラキル147 ⏰12:00〜18:00(17:00L.O.)、土・日曜〜20:00(19:00L.O.) 無休 1・3・5号線鍾路3街駅7番出口から徒歩8分 日本語× 英語△ カード○ @sasa_seoul

鍾路

# #2 西村 ソチョン 서촌

かわいい雑貨から市場まで!

Seosulla-gil | Seochon | Yongnidan-gil | Euljiro | Songridan-gil

## Q1 どのへんにある？
### A 景福宮の西側
景福宮の西側に位置する西村。地下鉄3号線景福宮駅1番出口から徒歩5分ほどでメインエリアに到着します。明洞からは10分ほど。景福宮観光とセットで訪れるといいでしょう。

## Q2 どんなエリア？
### A 山に囲まれた閑静なエリア
近くに青瓦台（大統領府）があるため、大きな開発が行われず、700棟もの韓屋が現存するエリア。2010年に韓屋保存地区に指定されています。最近では韓屋をリノベーションしたカフェや、おしゃれなショップが登場し、「古くて新しいソウル」を感じられます。

月曜休みのお店がちょい多め

## Q3 見どころは？何ができる場所？
### A 小さなカフェや雑貨店めぐり

おしゃれなカフェだけでなく、こだわりのセレクトアイテムをそろえる雑貨店も多い西村では、ショッピングも楽しめます。大通りの紫霞門路沿いはチェーン店が多め。

## Q4 所要時間＆ベストな時間帯は？
### A ぐるっと回って約1時間
景福宮駅1番出口を出てまっすぐ歩き、OUVERT SEOULからスタート、通仁市場を抜けて紫霞門路の東側のエリアまでぐるっと回るとすると、1時間～1時間半ほど見ておくとよいでしょう。オープン時間が遅めなので、午後の訪問がおすすめ。

---

行くならココ！

西村の入口でお出迎え
### OUVERT SEOUL
오버트서울／オボトゥソウル

印刷所をリノベーションした店舗。自家焙煎のコーヒーが自慢で、ドリンクは5000W台からと良心的。クロワッサンプレート1万1000Wなど、ペストリー系も充実。

☎02-722-8987　📍鍾路区弼雲大路3
🕐8:00～22:00 土・日曜9:00～　休無休　🚇3号線景福宮駅1番出口から徒歩5分　日本語× 英語△ カード○ @ouvert_seoul

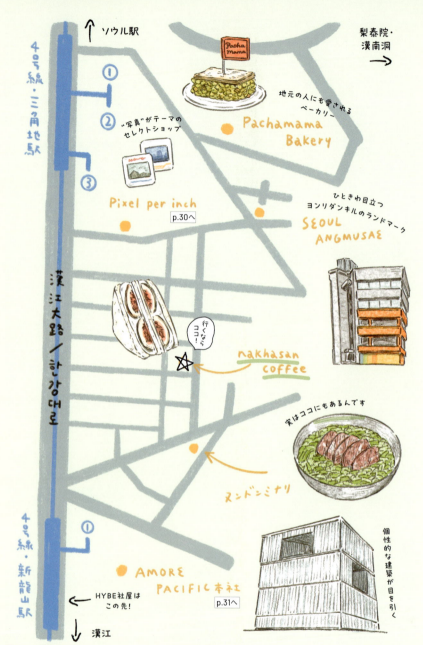

# #3 ヨンリダンキル 용리단길

ショップやカフェが続々オープン中

日本式の居酒屋も多いエリア

### Q1 どのへんにある?
**A ソウル駅の南側**

4号線三角地駅3番出口または新龍山駅1番出口から。三角地駅からスタートして、新龍山方面に南下し、お隣の二村駅から国立中央博物館（P.83）にも行けます。明洞から三角地は4号線1本で7分なのでアクセスも◎。

### Q2 どんなエリア?
**A 有名企業も続々進出のNEWエリア**

新龍山エリアはここ数年で注目を集めており、韓国大手化粧品会社アモーレパシフィックや、BTSの所属事務所HYBEが社屋を構えるなど、発展を遂げています。なかでも新龍山駅と三角地駅の間の「ヨンリダンキル」には話題の飲食店が集まっています。

### Q3 見どころは? 何ができる場所?
**A 話題のカフェやアモーレ本社へ**

点在するカフェをめぐったり、雑貨店に足を運んだり。アモーレパシフィック本社では商品の購入ができたり、ミュージアムも入ったりしているので、おひとりさまでも充実した時間を過ごせるはず。

季節のフルーツサンドが人気
## nakhasan coffee
낙하산커피／ナッカサンコピ

シャリシャリした氷の食感が楽しいナッカサンラテ6500Wやトマト風味のナッカサンブラッド5500Wなど個性的なドリンクメニューが話題を集めている。

### Q4 所要時間&ベストな時間帯は?
**A お店に入るなら2時間ほどみて**

ヨンリダンキルをぐるぐる歩くだけなら、1時間以内で回りきれます。ただし、アモーレパシフィック本社に行ったり、カフェに入ったりするなら2時間ほど必要。

☎010-3755-5505 ♀龍山区漢江大路46キル25 ⓒ11:00 ～ 20:00、金～日曜～ 22:00（30分前L.O.）㊡無休 ⓔ4号線新龍山駅1番出口から徒歩6分 日本語×英語 △ カード ◯ @nakhasan.coffee

新龍山

川沿い散歩も楽しめる♪

清渓川 / 청계천

2・3号線
乙支路3街駅

中心路 / 충무로

水標路

Ace Four Club
p.31へ

コーヒー韓薬房
p.66へ

커피한약방

路地裏のレトロカフェ

↙明洞

서표로

George Seoul

aff seoul
p.33へ

行くならココ！

Seosulla-gil | Seochon | Yongnidan-gil | Euljiro | Songnidan-gil

## Q1 どんなエリア？
### A レトロとモダンが融合
乙支路は印刷所、看板、照明などの専門業者が軒を連ねる、昔ながらの下町。2016年頃からこの街に、若者たちがカフェやバーを続々とオープンし始めました。外観は工場だけど、中に入るとおしゃれカフェというギャップを楽しめます。

## Q2 どのへんにある？
### A 明洞と東大門の間
カフェやレストランが集まるのは2・3号線乙支路3街駅周辺。近くにはソウルっ子の憩いの場、清渓川も流れています。明洞からも（2号線で1駅）東大門からも（2号線で2駅）アクセスしやすいので、定番コースをめぐるついでに訪れるといいでしょう。

# #4
レトロな感性あふれる
HIPな街
乙支路（ウルチロ）  을지로

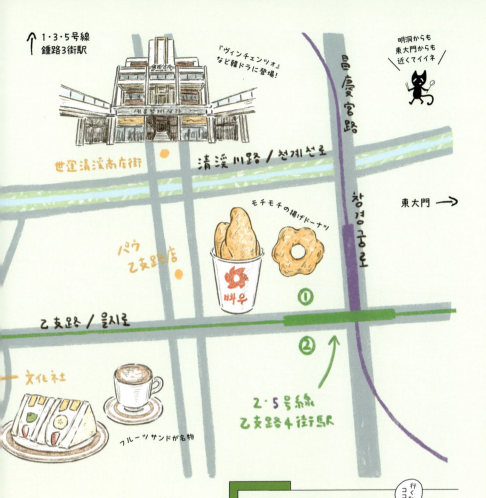

## Q3 見どころは？何ができる場所？
### A 宝探し感覚でカフェ探し
ぱっと見は印刷所なのに、階段を上がった先には雰囲気抜群のカフェが現れ、「えっ、こんなところにカフェが!?」という驚きを味わえるのが乙支路最大の魅力。夜は飲み屋街として活気を増します。

## Q4 所要時間&ベストな時間帯は？
### A カフェに入るなら1時間半ほど
カフェを利用するのであれば、1時間半ほどみておきましょう。ただし、小規模カフェが多いため、週末などは満席のことも。平日昼間を狙うと比較的スムーズに入れます。

### 乙支路を代表するレトロカフェ
**George Seoul**
조지 서울／ジョジ ソウル

レトロで退廃的な店内はまさに乙支路レトロ。ゼリーを浮かべたピュロロン、メロンソーダ各8700Wなどのドリンクは、写真映え間違いなし！

☎010-6208-6326 ♀中区乙支路12キル6 302号 ⏰12:00～21:40 休火曜 🚇2・3号線乙支路3街駅10番出口から徒歩1分 日本語△ 英語○ カード○ @george_seoul

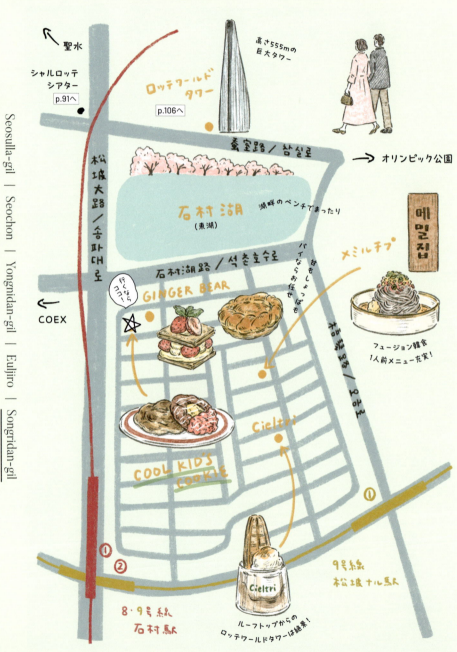

## Q1 どのへんにある?

**A ソウル東部、蚕室エリア**

最寄りは8・9号線石村駅または9号線松坡ナル駅。ロッテワールドタワー側からなら2号・8号線の蚕室駅を利用。セットで訪れるのであればCOEXや江南エリアが正解。明洞からは45分ほど。

## Q2 どんなエリア?

**A 石村湖周辺の憩える街**

蚕室エリアにある石村湖近くのエリア。松坡区の「松」の字をもじってこの名前に。2017年にロッテワールドタワーが開業、翌年には9号線の松坡ナル駅ができ、もともと住宅街だった場所にカフェやレストランが多数出店し、カップルやファミリー層に人気です。

大都会に自然があるっていいのぅ…

## Q3 見どころは? 何ができる場所?

**A カフェでテイクアウトして湖畔で憩う**

松理団キルにはパイやクッキーなど、スイーツ自慢のカフェが多数。店内で食べるのもいいですが、テイクアウトして石村湖の湖畔のベンチで味わうと格別! 時間があればロッテワールドタワーまで足を運んでショッピングも。

## Q4 所要時間&ベストな時間帯は?

**A カフェ+湖畔散策で1時間半**

石村湖は東湖(左ページMAP)と西湖がありますが、東湖の外周は約1300m。写真を撮りながらゆっくり回って30分程度。昼と夜で大きく雰囲気が変わります。

---

SNSで話題のアメリカンクッキー

### COOL KID'S COOKIE
쿠키즈쿠키/クルキジュクキ

ホームメイドアメリカンクッキーの専門店。しっとりとしたボリューム満点のクッキーがずらりと並ぶ。チョコたっぷりのシグネチャーミルクカウ4500Wなど。

行くならココ!

☎0507-1428-0556 松坡区松坡大路48キル7 ⏰11:00〜20:00 無休 8・9号線石村駅1番出口から徒歩6分 日本語×英語 △ カード ○ @coolkids_cookie

蚕室

# HOTEL
おひとりさま
# LIST

> **おひとりさま的**
> ## HOTEL TIP
>
> ☑ **おひとりさまにはダブルルーム推奨**
> もちろん予算にもよりますが、しっかり旅の疲れをとりたいなら、ダブルベッドの部屋をとるのがおすすめ。シングルームがないホテルも多いので、選択肢の幅を広げる意味でも！
>
> ☑ **宿探しの新しいツールを活用**
> STAYFOLIO
> ユニークな宿が見つかるキュレーションサイト
> Airbnb
> アメリカ発祥の民泊仲介サービス。韓国の物件も多数
>
> ☑ **基本はバスタブなし**
> 韓国は自宅で湯船に浸かるという文化がメジャーではないため、シャワーのみのことも多々。気になる人は事前に確認を
>
> ☑ **「写真と違ってガッカリ」を防ぐ**
> サイトでホテルを選ぶ際、あまりにも寄りの写真しかない、バスルームの写真がないなどの場合は、自信のなさの表れなことも

## (Hotel) ホテル

安心感や快適さを重視するならやっぱりホテル。予算は高めですが、ステイの時間も大切にしたい人に。

バラエティ番組のロケ地としても使われるおしゃれさ

ステイもおしゃれに♪ 映えHotel

### L'Escape Hotel
레스케이프 호텔／レスケイプ ホテル

まるで映画の世界に迷い込んだかのようなアーバンフレンチスタイルのブティックホテル。南大門は明洞のすぐ近くなので、アクセスも抜群。

☎02-317-4000 ◆中区退渓路67 ⓜ4号線会賢駅7番出口から徒歩1分 ⓘⓝ15:00 ⓞⓤⓣ11:00 ᴿ204 ⓘⓖ@lescape_hotel

南大門

## RYSE Autograph Collection
라이즈오토그래프컬렉션／ライジュオトグレブコレクション

弘大エリアの芸術性を取り入れたホテル。「Side Note Club」というルーフトップバーがあり、夜景を楽しみながら過ごせる。

☎ 02-330-7700　📍麻浦区楊花路130　🚇2号線・空港鉄道・京義中央線弘大入口駅9番出口から徒歩3分
IN 15:00　OUT 11:00　室 272
📷 @ryse_hotel

弘大

ルーフトップバーもあり♡

## MAKERS × IPPDA HOTEL
메이커스 X 이쁘다 호텔／メイコジュ イップダ ホテル

仁寺洞や益善洞、明洞、東大門へもアクセスしやすい鍾路3街に位置。街の喧騒を忘れられる、モダンな室内でリラックス。

☎ 02-747-5000　📍鍾路区敦化門路11キル33　🚇1・3・5号線鍾路3街駅4番出口から徒歩1分　IN 18:00（金～日曜、祝・祝前日22:00）
OUT 12:00　室 42

ディープな街、鍾路にあるブルックリン風ホテル

鍾路

## Hotel Cappuccino
호텔 카푸치노／ホテル カプチノ

客室、共有部分、どこをとってもセンスが光るアーバンライフスタイルホテル。江南エリアを中心に回りたいときの拠点に。

☎ 02-2038-9500　📍江南区奉恩寺路155　🚇9号線彦州駅1番出口から徒歩2分　IN 15:00
OUT 11:00　室 141　📷 @hotelcappuccinoseoul

彦州

江南やCOEXにアクセスしやすい！

## Anteroom Seoul
안테룸서울／アンテルムソウル

カロスキルに位置。客室は木のぬくもりを感じ、リラックスできるシンプルインテリア。地下2階にはギャラリーも擁している。

☎ 02-542-2391　📍江南区島山大路153　🚇3号線・新盆唐線新沙駅8番出口から徒歩7分　IN 15:00　OUT 11:00　室 112　📷 @anteroom_seoul

アートを感じる上質な空間

新沙

> 安心感なら
> 日系ホテル

日本人のリピーター多数！

明洞のど真ん中だから
いつでも遊んでいつでも帰れる！

## 東横INN ソウル東大門2
토요코인 서울동대문2／トヨコイン ソウルトンデムン2

日本でもおなじみの東横INNは「清潔・安心・値ごろ感」がコンセプト。もちろん日本語OKで、無料の朝食があるのもうれしいポイント。

☎0507-1343-1045 ◉中区退渓路325 ⌂ 2・4・5号線東大門歴史文化公園駅4番出口から徒歩1分 [IN] 16:00 [OUT] 10:00 室207

東大門

## ソラリア西鉄ホテル ソウル明洞
솔라리아니시테츠호텔서울 명동／ソルラリアニシテチュホテル ソウル ミョンドン

明洞の繁華街のど真ん中に位置するので、ショッピングの合間に荷物を置きに帰るのも楽。日本と同様の設備とサービスを提供。

☎02-773-1555 ◉中区明洞8キル27 ⌂ 4号線明洞駅8番出口から徒歩2分 [IN] 15:00 [OUT] 12:00 室312

明洞

# ( Guest House )
ゲストハウス

リーズナブルにおさえたいなら、
ゲストハウスも視野に。

カフェやシェアオフィス併設で使い勝手◎

日本のプラグも使えて嬉しい♡

## Mangroove 東大門
맹그로브 동대문／メングロブ トンデムン

カフェやシェアオフィス併設の大型コリビングハウス。東大門というアクセスのよさも魅力。地下の読書室の本棚には昔の雑誌が並ぶ。

☎010-5082-0903 ◉中区退渓路334 ⌂ 2・4・5号線東大門歴史文化公園駅4番出口から徒歩3分 [IN] 15:00 [OUT] 11:00 室143

東大門

## BARQATO 2
바로아토 2호점／バロアト イホジョム

ゲストハウス激戦区の弘大エリアで人気の宿。打ちっぱなしのコンクリート天井がおしゃれな客室。バスルームなども清潔で快適。

☎02-336-2614 ◉麻浦区東橋路25キル26-14 ⌂ 2号線・空港鉄道・京義中央線弘大入口駅1番出口から徒歩5分 [IN] 15:00 [OUT] 11:00 室11

弘大

# (Hanok) 韓屋

韓国らしさを思いっきり感じたいならやっぱり韓屋。文化や情緒を感じながら、特別なステイに。

**なんと浴槽が外に！**
**ソウルにいながら露天風呂気分♪**

### Lee Ho Sorak
이호소락／イホソラッ

一棟貸しのプレミアムな韓屋宿。室内は落ち着きのあるインテリアで、ほのかにフレグランスが香る。屋外には浴槽があり、人目を気にせず、ゆっくりとリラックスタイムを楽しめる。

☎0507-1324-1146　鍾路区北村路5ガキル17-8　3号線安国駅2番出口から徒歩1分　IN 16:00　OUT 13:00　室1　@2hosorak　南大門

### Hanok Essay Seochon
한옥에세이 서촌／ハノッエッセイ ソチョン

**静かな西村エリアで**
**ゆったりくつろぐ**

「昔」と「今」が共存する注目エリア、西村に位置。忙しい毎日や都市の喧騒から離れて、静かな時間を過ごしたいときにぴったり。

☎070-7174-4723　鍾路区弼雲大路3キル12　3号線景福宮駅2番出口から徒歩9分　IN 16:00　OUT 11:00　室1　@hanok_essay　西村

**余計なものをそぎ落とした**
**余白の美を楽しむ**

### Stay KnocKnock
스테이녹녹／ステイノンノッ

東大門から1号線で2駅の新設洞にある韓屋宿。韓屋のドアをノックした瞬間からゆっくりと流れる時間を味わうことができる。

☎0507-1387-0345　東大門区旺山路5キル13-7　1・2号線、牛耳新設線新設洞駅3番出口から徒歩3分　IN 15:00　OUT 11:00　室2　@stay_knocknock　新設洞

## ohitori column

### theme
## 一日過ごせちゃう複合施設は押さえておく。

さまざまなお店が入っている複合施設は、移動の必要がなくて効率的に時間を使えます。代表的なのはザ・現代ソウル(P.68)ですが、各地にあるおすすめ施設をご紹介します。

**注目フロア**

| 7・8F | レストラン・カフェ |
|---|---|
| 3F | ダイソー |
| 2F | 8SECONDS、MIXXOなど |
| B2F | オリーブヤング、セブンイレブンなど |

#### 2024年東大門にNEWオープン
### dundun 東大門店
던던 동대문점／ドンドン トンデムンジョム

ダイソーやオリーブヤングなど使えるお店が充実。地下2階のセブンイレブンは、数多くのラーメンを店内で作って食べられるとSNSで話題に！

☎0507-1443-4504　📍中区乙支路264
🕙10:00〜21:00　休無休　🚇2・4・5号線東大門歴史文化公園駅11番出口から徒歩1分　日本語× 英語△ カード○ ＠dundun_ddm

東大門

**注目フロア**

| 5〜14F | ナインツリープレミアホテル仁寺洞 |
|---|---|
| 1〜4F | ショップ、レストラン、カフェ |
| B1F | 仁寺セントラルミュージアム |

#### 仁寺洞で遊ぶなら
### アンニョン仁寺洞
안녕인사동／アンニョンインサドン

伝統工芸から話題のショップまで、新旧の文化が融合。地下にはギャラリーがあり、時期ごとにさまざまな展示が開催されているので要チェック。

☎02-6954-2910　📍鍾路区仁寺洞キル49
🕙10:00〜22:00　休無休　🚇3号線安国駅6番出口から徒歩3分　日本語△ 英語△ カード○ ＠anyounginsadong

仁寺洞

#### 写真映え必至の図書館も
### スターフィールド COEX MALL
스타필드 코엑스몰／スタピルドゥ コエクスモル

江南エリアきっての巨大ショッピングモール。水族館やシネコン、カジノまで併設。「ビョルマダン図書館」の高さ13mの巨大本棚は必見。

☎1833-9001　📍江南区永東大路513
🕙10:00〜22:00　休無休　🚇9号線奉恩寺駅7番出口から徒歩1分　日本語△ 英語× カード○ ＠starfield.official

COEX

**注目フロア**

| 117F | ソウルスカイ(展望台) |
|---|---|
| 8〜9F | ロッテ免税店 |
| B2〜B1F | ロッテワールドアクアリウム |

#### 韓国一高い展望台からの絶景
### ロッテワールドタワー
롯데월드타워／ロッテウォルドゥタウォ

高さ555m、123階建てて韓国一の高さを誇る。117〜123階の展望台SEOUL SKY(入場料3万1000W)は、ぜひ天気のいい日に訪れたい。

☎02-3213-5000　📍松坡区オリンピック路300　🕙10:00〜22:00(ショッピングモール)　休無休　🚇2・8号線蚕室駅2番出口から徒歩1分　日本語△ 英語△ カード○ ＠lotte_worldtower

蚕室

# Gourmet Catalog

## おひとりグルメカタログ

韓国は日本に比べてひとりごはんをするハードルが高いのは事実。だからといっておいしいものを諦めないで！ ひとりでも入りやすく、なおかつおいしさお墨付きのお店を、徹底的におひとりさま目線でまとめました！

**汁物** p.108

**ローカルチェーン** p.118

**麺類** p.113

**テイクアウト** p.120

**ご飯もの** p.116

**フードコート** p.122

Ohitori Gourmet in Seoul

## 국물 クンムル

### ひとりごはんの最強カード
# 汁物

- ☑ トゥッペギといわれるひとり用鍋で提供される
- ☑ 「탕」「국」「찌개」がメニュー名につくことが多い
  （タン）（クッ）（チゲ）

韓方たっぷりで滋養強壮

**menu 1-1**　삼계탕 [サムゲタン]

### 土俗村
토속촌／トソッチョン

開店と同時に国内外の人たちが訪れる、参鶏湯の名店。穀物の粉末が入った白濁スープはとろみがあり、体が芯から温まる。黒色で肉質に弾力のある烏骨鶏参鶏湯2万5000Wも人気。

☎02-737-7444 ●鍾路区紫霞門路5キル5 ⏰10:00〜22:00(21:00L.O.) 休無休 ●3号線景福宮駅2番出口から徒歩2分 日本語△ 英語△

景福宮

**ココでも！**
高峰参鶏湯　p.11へ
長安参鶏湯　p.20へ

**土俗村参鶏湯**
**2万W**
もち米、高麗人参、かぼちゃの種、黒ごま、くるみ、松の実、栗、ナツメ、銀杏、にんにく、ひまわりの種に秘伝の具材3種が溶け出した濃厚スープ

サービスの人参酒はそのまま飲んでもスープに入れても。体ポッカポカなる！でも味は土の味

108

Ohitori Gourmet in Seoul

| menu<br>1-2 | 透き通った美しいスープ<br>**곰탕** [コムタン] |

**韓牛コムタン**
**1万W**
韓牛の牛骨を長時間じっくり煮込んで作った一杯。ほろほろの肉もたっぷり！

## 牛湯
우탕／ウタン

2022年オープン。韓牛を使用したコムタンが看板メニュー。ピリ辛のオルクンコムタン1万1000Wも選択可。濃厚な味わいのわかめスープ1万3000Wも美味。

☎0507-1302-0363 📍麻浦区ソンミ山路17キル114 2F ⏰11:30〜21:00（15:00〜17:00ブレイクタイム、20:30L.O.）休日曜 🚇京畿中央線加佐駅1番出口から徒歩5分 日本語×英語△カード○
📷@wootang.official

**延南洞**

**オルクン韓牛コムタン**
**1万1000W**
コムタンには珍しいピリ辛味。スッキリとした辛みでゴクゴク飲める

## 屋同食
옥동식／オクトンシッ

ミシュラン・ビブグルマンの常連店で、NYにも支店をオープンした実力派。芸術的な透明スープは、塩だけで味付けしたとは思えないほどのコク。行列覚悟で訪れよう。

☎010-5571-9915 📍麻浦区楊花路7キル44-10 ⏰11:00〜22:00（15:00〜17:00ブレイクタイム）、土・日曜〜21:00（閉店30分前L.O.）休無休 🚇2・6号線合井駅2番出口から徒歩4分 日本語×英語○カード○ 📷@okdongsik

**合井**

**テジコムタン**
**1万1000W**
ブランド黒豚、バークシャーKの肉を煮込んだスープは深みのある味わい

塩だけで味付けされてるのは自信の現れ

Ohitori Gourmet in Seoul

おぼろ豆腐がスープの旨みを吸収

### menu 1-3 순두부찌개 [スンドゥブチゲ]

**海鮮スンドゥブ定食**
**1万1000W**
海鮮の旨みがたっぷり溶け出したスープは、すっきりしとした辛さ。辛さが苦手な人はテーブルにある生卵を追加

> セットの釜飯は茶碗によそって、釜にお湯を入れておこげ湯を楽しめる!

## 清潭スンドゥブ 本店
청담 순두부 본점／チョンダムスンドゥブ ポンジョム

芸能事務所の多い土地柄、芸能人も足繁く通うスンドゥブ専門店。ほろほろのおぼろ豆腐の純豆腐がスープの味と相まって美味。定食には石鍋で炊いたご飯がつく。

☎02-545-4840 ●江南区島山大路53キル19 ⏰8:00〜22:00(21:30L.O.) 休無休 🚇水仁盆唐線狎鷗亭ロデオ駅5番出口から徒歩5分 日本語△ 英語○ カード○ @puredubu

狎鷗亭

韓国人のソウルフード

### menu 1-4 순대국 [スンデグッ]

## 青瓦屋 乙支路3街直営店
청와옥 을지로3가직영점／チョンワオッ ウルチロサムガチギョンジョム

スンデとは、豚の血やもち米、春雨と香辛料が入った韓国式の腸詰め。臭みなどはまったくなく、えごまの粉をたっぷり入れたスンデグッなら食べやすさもぐっとUP。

**青瓦屋スンデクッパ**
**1万W**
スープには8種の韓薬が入っており、初心者でもチャレンジしやすい味

> まじでスンデグッ食わず嫌いは人生の半分損してる

☎0507-1448-1309 ●中区乙支路110 ⏰8:00〜22:00(21:10L.O.) 休無休 🚇2・3号線乙支路3街駅11番出口から徒歩1分 日本語△ 英語× カード○ @cheongwaok

乙支路

Ohitori Gourmet in Seoul

孔徳は、
優良マッチブ
多めなのです

### 酸味がクセになる！

menu 1-5　김치찌개 [キムチチゲ]

#### クルタリ食堂
굴다리식당／クルタリシッタン

1970年代から愛されるキムチチゲ。熟成キムチと豚肉の前足をじっくり煮込んで作られる。肉が大きくて、食べ応え満点！

☎02-706-0323　麻浦区桃花キル44-2
8:00〜22:00　無休　5・6号線・空港鉄道・京畿中央線孔徳駅9番出口から徒歩2分　日本語×　英語×　カード○

孔徳

#### チャンドッテキムチゲ 清潭店
장독대김치찌개 청담점／チャンドッテキムチチゲ チョンダムジョム

酸味の効いたキムチゲが食欲を刺激。24時間営業のうえに、物価高めの江南エリアで良心的な価格なのもうれしい。

☎0507-1472-7764　江南区島山大路94キル33　24時間　無休　7号線清潭駅13番出口から徒歩9分
日本語×　英語×　カード○

清潭洞

このエリアで
ひとり汁物は
ありがたい〜

### 優しい牛骨スープで朝食にも

menu 1-6　설농탕 [ソルロンタン]

#### 神仙ソルロンタン 明洞店
신선설농탕 명동점／シンソンソルロンタン ミョンドンジョム

明洞で旅行者たちの胃袋を支えてきた店舗が営業再開。まろやかな牛骨スープは、お好みで塩を入れるとぐっと味が締まる。

☎02-777-4531　中区明洞キル56 2F
8:00〜21:00 (20:40L.O.)　無休　4号線明洞駅8番出口から徒歩5分　日本語△　英語○　カード○

明洞

ココでも！
p.51へ　里門ソルロンタン

神仙
ソルロンタンの
キムチ愛してる

キムチチゲ
9000W
熟練の勘で見極めた熟成キムチの酸味、ゴロッと入った豚肉全てが絶妙！

チャンドッテ
キムチチゲ
1万W
たっぷりの具材と適度な酸味がやみつきになり、リピーターも

神仙ソルロンタン
1万1000W
牛肉を長時間煮込んだ白濁スープ。テーブルにある塩こしょうで好みに味付け

111

Ohitori Gourmet in Seoul

**ブゴクッ**
**1万W**
具材はタラの切り身、卵、豆腐、ネギ。テーブルにあるアミの塩辛をお好みで入れて

| menu 1-7 | 優しさ満点、タラのスープ |
|---|---|
| | **북어국** [プゴクッ] |

### 武橋洞プゴクッチッ
무교동북어국집／ムギョドンプゴクッチッ

1968年創業の老舗。メニューは干しダラのスープ＝プゴクッのみ。干したスケトウダラをうるち米などと一緒にじっくり煮込んだスープは、あっさりながらも奥深い。

☎02-777-3891　中区乙支路1キル38
🕘7:00～20:00 (19:30L.O.)、土・日曜
～15:00 (14:30L.O.)　困月曜（2025年3月中旬まで）　1・2号線市庁駅4番出口から徒歩5分　日本語○ 英語× カード○

市庁

ランチタイムは行列だけど回転が早いから諦めずに並ぶべし

---

### こんなときどうする!? おひとりグルメ Q&A

**Q** 箸やスプーンが見当たらない！

**A** 机の引き出しにあります

机のサイドが引き出しになっていて、カトラリーやティッシュが入っていることが多いのでまずは確認！

앞치마 주세요
アプチマ ジュセヨ

**Q** 赤い汁を服に飛ばしたくない！

**A** エプロンをもらいましょう

壁にかかっているときは勝手に取ってOK。そもそも濃い色のトップスを着ていくほうが無難です

**Q** キムチとカクトゥギ、両方出てきたが？

**A** キムチは標準装備。汁物にはカクトゥギも合う！

壺などに入って好きなだけ取れる場合は、食べられる量だけ取りましょう

Ohitori Gourmet in Seoul

## 麺類 ミョンニュ

ノン辛～ピリ辛まで豊富！

- ✓ 麺は基本的に1人前で提供されるので、汁物と並ぶおひとりグルメ代表格
- ✓ 汁あり、汁なし、辛さもさまざまで選択肢も幅広い

**海鮮カルグクス**
**9000W**
煮干し、昆布、長ネギ、大根でとったベースの出汁に、貝（アサリ、ムール貝、シロボヤ）の出汁でさらに深い味わいに

カウンター席もあるからひとりでもヨユー！

手打ち麺を包丁で切るからこの名前

menu 2-1　**칼국수** [カルグクス]

### チャニャンチッ
찬양집／チャニャンチッ

ミシュランガイド・ソウル創刊時から3年連続掲載。時間問わずひっきりなしにお客さんが訪れる、海鮮カルグクスの名店。浅漬けキムチ（コッチョリ）は毎朝仕込んでいて、カルグクスとの相性抜群。

☎02-743-1384　📍鍾路区敦化門路11ダキル5
🕐10:00～21:00　休日曜　1・3・5号線鍾路3街駅4・6番出口から徒歩1分　日本語×　英語○　カード

鍾路

マンドゥ 9000Wも美味

113

Ohitori Gourmet in Seoul

マンドゥも一緒に
頼みたい！
食べ切れなかったら
テイクアウト！

牛骨カルグクス
1万2000W
牛骨出汁のスープは
あっさり風味。韓国
かぼちゃと甘辛の牛
肉のトッピング

牛骨出汁のやさしいスープ

menu 2-2　칼국수 [カルグクス]

### 黄生家カルグクス
황생가칼국수／ファンセンガカルグクス

北村エリアで人気を集める、牛骨出汁のカルグクス店。手打ち麺は程よいコシがあり、つるんとした喉ごしで、するする食べられる。ランチタイムは行列ができることも。

☎02-739-6334　鍾路区北村路5キル78　⏰11:00～21:30（20:40L.O.）無休　3号線安国駅2番出口から徒歩10分　日本語× 英語○ カード○

北村

## こんなときどうする!?
## おひとりグルメ Q&A

**Q** カルグクスってお店によって結構味が違うような？

**A** 海鮮出汁と
牛骨出汁の2タイプあり

海鮮出汁は「해물칼국수（ヘムルカルグクス／海鮮カルグクス）」または「멸치칼국수（ミョルチカルグクス／煮干しカルグクス）」、牛骨出汁は「사골칼국수（サゴルカルグクス）」と表記されることが多いので見極めを

**Q** カルグクス+αで頼むなら？

**A** マンドゥ一択！

カルグクスと共にマンドゥ（蒸し餃子）を提供しているお店多数。1個が大きめですが、食べ切れなければ「포장해 주세요（ポジャンヘ ジュセヨ／包んでください）」でテイクアウト可

ドラマでよく見るあの黒い麺

menu 2-3　짜장면 [ジャジャン麺]

これでもかというくらい混ぜて食べる！

ジャジャン
7000W
甘辛くて香ばしいタレがたっぷり。太めの麺とよく絡む

地元民の友人が
昨日も食べたって
マウントとってきた…
ずるい

### 嘉苑
가원／カウォン

人気グルメコンテンツ「トガンチプ」で紹介され、話題沸騰の中国料理店。ボリューム満点の本格韓国式中国料理を味わえる。

☎02-325-1580　麻浦区ワールドカップ路65　⏰11:30～21:30（15:00～17:00ブレイクタイム、20:30L.O.）無休　6号線望遠駅2番出口から徒歩1分　日本語○ 英語○ カード○

望遠

日本と違って赤いんです

menu 2-4　짬뽕 [チャンポン]

嘉苑チャンポン
1万W
炒めた野菜と海鮮が盛り盛り。適度な辛さで食べやすい

**Ohitori Gourmet in Seoul**

menu 2-5 — 奥深き冷麺ワールドへ！
**냉면** [冷麺／ネンミョン]

ハサミで麺を切って食べるよ

水冷麺
**1万5000W**
牛肉や牛骨、長ネギなどを10時間以上煮込んだスープを急速冷凍して熟成

水冷麺
**1万5000W**
ツルッとした喉ごしのよい麺はハサミで切って食べる。からし、酢はお好みで

刺身冷麺
**1万5000W**
ガンギエイの刺し身とピリ辛タレを混ぜて食べる汁なし冷麺

### 乙密台
을밀대／ウルミルデ

ピョンネン（平壌冷麺の略）沼落ち確定

1971年創業の言わずとしれた、平壌冷麺の名店。注文を受けてから製麺し、大釜で茹でている。平壌冷麺のお供の緑豆チヂミ1万2000Wも。

☎02-717-1922 📍麻浦区崇門キル24
🕐11:00〜22:00 休無休 🚇6号線大興駅2番出口から徒歩6分 日本語× 英語× カード〇

 大興

### 五壮洞興南チッ 本店
오장동흥남집 본점／オジャンドンフンナムチッ ポンジョム

咸興冷麺のお店が集まる五壮洞のなかでも人気の高いお店。酸味が抑えめの上品な味なので、酢やからしを入れて自分好みに。

☎02-2266-0735 📍中区マルンネ路114 🕐11:00〜20:30 (20:00L.O.) 休水曜 🚇2・5号線乙支路4街駅7番出口から徒歩3分 日本語〇 英語× カード〇

東大門

### 綾羅島 江南店
능라도 강남점／ヌンラド カンナムジョム

店舗も多いのでピョンネン発作が出たら駆け込んでる

ミシュランのビブグルマンにも選定されたチェーン店。冷麺以外の平壌料理も楽しめる。

☎0507-1377-8944 📍江南区三成路534 🕐11:20〜21:30 (20:50L.O.) 休無休 🚇9号線三成中央駅5番出口から徒歩5分 日本語〇 英語〇 カード〇

三成

平壌冷麺
**1万6000W**
牛と豚、昆布、干ししいたけでとった出汁は旨みが限界突破！

---

### こんなときどうする!? おひとりグルメ Q&A

**Q** 黒っぽい冷麺と白っぽい冷麺の違いは？

**A** ざっくりいうと咸興冷麺と平壌冷麺の違い

韓国の冷麺は大きく分けて2種類。じゃがいもやさつまいものデンプンで作った麺の「咸興（ハムン）冷麺」と、そば粉メインの「平壌冷麺」。前者が黒っぽい麺で、後者は比較的白っぽい麺です。味付けもかなり異なるので、食べ比べてみて！

 咸興 — デンプン麺で歯ごたえが強い

 平壌 — そば粉メインの麺でやわらかい

# 밥 [パプ]

Ohitori Gourmet in Seoul

## 米は正義！
## ご飯もの

☑ 朝も昼も夜も、ご飯モノはひとりでイケる！
☑ 「덮밥」[トッパプ]という丼物メニューもひとりで食べやすい

**魚卵釜飯**
**1万3000W**
イクラ、トビコ、キャビアのプチプチ食感と海鮮の旨みたっぷり

混ぜれば混ぜるほどウマくなる

menu 3-1　비빔밥 [ビビンバ]

### 小公粥家
소공죽집／ソゴンジュッチッ

1980年開業、ビジネスマンと観光客の胃袋を支えてきたお店。東海出身の社長がこだわりの海鮮を厳選した石焼きの海鮮ビビンバは絶品。

☎02-752-6400 ●中区西小門路139 B1F
8:00～20:00、日曜～17:00 休無休 ①1・2号線市庁駅12番出口から徒歩1分 日本語△ 英語△ カード○

市庁

ココでも！
木覓山房　p.30へ

特製ネギ醤油をかけても美味！

116

Ohitori Gourmet in Seoul

端っこまで具材がたっぷり！

たっぷり具材とごま油の風味が決め手

menu 3-2  **김밥** [キンパ]

**クリームチーズキンパ**
**5500W**
濃厚なクリームチーズを使用し、塩味をおさえたまろやかな味わい

### ハンニプソバン
한입소반／ハンニプソバン

具材9：ご飯1のボリュームたっぷりキンパ。化学調味料、砂糖は一切不使用。古漬けのムグンジを使ったムグンジチャムチキンパ6000Wも人気メニュー。

☎02-701-4417 ♀龍山区青坡路45キル3
🕐7:00～19:00 休無休 🚇4号線淑大入口駅8番出口から徒歩4分 [日本語]×[英語]×[カード]○
ⒾⒻ @hanipsoban_

---

**こんなときどうする!?**
**おひとりグルメ Q&A**

**Q** ビビンバの
おいしい食べ方は？

**A** 想像の10倍以上
混ぜるべし

ビビンバは具材やコチュジャンなどをしっかり混ぜることでおいしさUP。これでもかというくらい混ぜましょう

**Q** キンパだけじゃ
物足りない…

**A** 外メニューも
充実してます！

キンパを販売しているお店では、多くの場合ラーメンや丼物などのメニューも取りそろえています。お腹の具合に合わせてチョイスを

---

韓国のお粥はしっかりごちそう！

menu 3-3  **죽** [チュッ／お粥]

特製チャンジャで味変も◎

### 瑞源
서원죽／ソウォンジュッ

明洞で2代にわたって営業している老舗。アワビ粥を求めて多くの観光客が押しかける。お昼すぎは比較的スムーズに入れるので狙い目。

☎02-776-0214 ♀中区退渓路141セリョンビルB1F 🕐7:00～17:00 (13:30～14:10ブレイクタイム、16:30L.O.) 日曜～14:00 (13:30L.O.) 休隔週水曜 🚇4号線明洞駅9番出口から徒歩1分 [日本語]○[英語]○[カード]○ Ⓘ @seowonjuk

**特アワビ粥**
**2万4000W**
アワビの肝といっしょに煮込んだお粥。生臭さは一切なし！

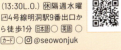

チェインジョム

Ohitori Gourmet in Seoul

困ったときの救世主
# ローカルチェーン

安心・安定
しかもおいしい。
最高か!?

## 汁物

**보승회관**
대대손손 뿌리깊은 국밥집

**ポスンフェグァン**
보승회관／ポスンフェグァン

スンデクッパやヘジャングッなど、汁物メニューが充実

- ✓ 何を食べるか困ったら安心のチェーン店
- ✓ ひとりごはんをしているソウルっ子も多いので安心

**ビョヘジャングッ**
**1万1000W**
ピリ辛スープに豪快な骨付き肉

**スンデクッパ**
**1万1000W**
食べやすいスンデがゴロゴロ

📍明洞店
☎02-776-7612 ●中区明洞9キル13 ⓒ24時間 困無休 🚇2号線乙支路入口駅5番出口から徒歩4分

📍弘大直営店
☎02-322-8111 ●麻浦区オウルマダン路131 ⓒ24時間 困無休 🚇2号線・空港鉄道・京義中央線弘大入口駅8番出口から徒歩3分

📍江南駅直営店
☎02-561-1127 ●江南区テヘラン路1キル17 ⓒ24時間 困無休 🚇2号線・新盆唐線江南駅11番出口から徒歩3分

## うどん

**역전우동**

**駅前うどん**
역전우동／ヨッジョンウドン

気軽に入れるうどん店。食べるなら韓国っぽさ満点のうどんをチョイス！

📍東大門DOOTA MALL店
●中区奨忠壇路275 DOOTA MALL B2 101号 ⓒ10:30～22:00(21:30L.O.) 困無休 🚇1・4号線東大門駅8番出口から徒歩4分

📍弘大入口駅店
☎02-3144-0417 ●麻浦区オウルマダン路127-1 ⓒ10:00～22:00 困無休 🚇2号線・空港鉄道・京義中央線弘大入口駅9番出口から徒歩2分

📍江南駅太極堂店
☎02-563-8582 ●江南区テヘラン路4キル46 サンヨンプラチナムバリューB107 ⓒ8:10～22:00(21:30L.O.) 困無休 🚇2号線・新盆唐線江南駅4番出口から徒歩3分

**キムチうどん**
**5500W**
優しい味のうどんにキムチがアクセント

**ウボッキ**
**6000W**
甘辛のトッポッキソースとうどんがマッチ

Ohitori Gourmet in Seoul

## ご飯 본죽&비빔밥

### 本粥&ビビンバ
본죽&비빔밥／ポンジュッエンビビムパプ

バリエーション豊かなお粥とビビンバを楽しめる。お粥はハーフ&ハーフも選択可

**明洞2号店** 〔明洞〕
☎02-778-3562 中区明洞9キル10 9:00～21:00 (15:00～16:00ブレイクタイム、20:30L.O.)、土曜～15:00 (14:30L.O.) 休日曜 2号線乙支路入口駅5番出口から徒歩4分

**弘大店** 〔弘大〕
☎02-323-6288 麻浦区弘益路10106号 9:30～20:30 隔週火曜 2号線・空港鉄道・京義中央線弘大入口駅9番出口から徒歩4分

**江南新沙店** 〔江南〕
☎0507-1489-6234 江南区島山大路11キル5 2F 9:30～20:40 (20:10L.O.)、土曜10:00～15:00 (14:30L.O.) 無休 3号線・新盆唐線新沙駅8番出口から徒歩3分

**参鶏アワビ粥**
**1万6000W**
参鶏湯とアワビというプレミアムな組み合わせ！

**ポンナムルビビンバ**
**1万W**
5色のナムルたっぷりでヘルシーな一皿

体が野菜を求めるときに駆け込む

## チキン MOM'S TOUCH

### マムズタッチ
맘스터치／マムストチ

韓国でなら並ばず入れるサクサクチキンバーガー

KFCとはまた違うおいしさなのよな

**明洞店** 〔明洞〕
☎02-318-3799 中区明洞9キル37 10:00～22:00 無休 2号線乙支路入口駅6番出口から徒歩2分

**弘大入口駅店** 〔弘大〕
☎02-322-5333 麻浦区楊花路129 10:30～22:00 (21:30L.O.) 無休 2号線・空港鉄道・京義中央線弘大入口駅1番出口から徒歩5分

**江南駅店** 〔江南〕
☎0507-1324-4802 江南区江南大路100キル10 2F 10:30～23:00 無休 9号線・新盆唐線新論峴駅6番出口から徒歩5分

**サイバーガー**
**4900W**
サクサクの衣の中は肉厚ジューシー

**フライドビッグサイ（骨なし・7ピース）**
**1万2900W**
骨なしだからパクパク食べられる

119

# 포장

ポジャン

Ohitori Gourmet in Seoul

## ホテルでゆっくりいただきます
## テイクアウト

このサクサク感からしか得られない栄養がある

**クリスピーチキン（1羽）**
**2万2000W**
少しスパイシーなサクサク衣が特徴の代表メニュー

☑ 韓国はテイクアウト文化が発達。合言葉は「포장（ポジャン）」

☑ ひとりではお店で食べにくいものもホテルに持ち帰れば無敵！

禁断の夜食No.1

menu 5-1　치킨 [チキン]

### カンブチキン 乙支路3街駅店
깐부치킨 을지로3가역점／カンブチキン ウルチロサムガヨッジョム

できたてにこだわり、最も愛されている店舗型チキン店。店内でイートインがメインだが、テイクアウトや宅配も可能。

☎02-2269-3535 📍中区水標路52-1 🕐16:00～翌2:00 休無休 🚇2・3号線乙支路3街駅11番出口から徒歩1分 日本語× 英語△ カード○ @kkanbu_official

鍾路3街、鐘閣にも店舗あり

**タルコムスンサルカンジョン**
**2万3900W**
チキンと揚げ餅に甘めの醤油ソースがたっぷり。薄揚げのポテトチップスもうれしい

### パルンチキン 建大駅ロボット店
바른치킨 건대역 로봇점／パルンチキン コンデヨッ ロボッジョム

58羽揚げるごとに油を交換し、徹底的に油を鮮度管理。テイクアウトの箱には何羽目に揚げたのか書かれているほどのこだわりっぷり。

☎02-466-6001 📍広津区峨嵯山路29キル7 🕐15:00～24:00、金曜～翌1:00、土曜13:00～翌1:00、日曜13:00～24:00（閉店40分前L.O.）休無休 🚇2・7号線建大入口駅1番出口から徒歩1分 日本語× 英語△ カード○ @barunchicken_official

建大

**Ohitori Gourmet in Seoul**

## menu 5-2　족발 [チョッパル]
### クセのない豚足にチャレンジ

**チョッパル（小）**
**3万4000W**
野菜類、サムジャン、アミの塩辛、スンデグッまでセット

## menu 5-3　떡볶이 [トッポッキ]
### 小腹を満たす赤いヤツ

**トッポッキ**
**4500W**
小麦粉できた歯切れのいい餅なので、サクッと小腹を満たせる

---

### オヒャンチョッパル
오향족발／オヒャンチョッパル

孔徳市場に位置する伝統あるチョッパル店。ボリューム満点のチョッパルは、しっとりしていてクセがなく焼酎とも好相性。

☎02-715-7719　📍麻浦区万里峠路19
🕙10:00～24:00　休日曜
🚇5・6号線、空港鉄道、京義中央線孔徳駅5番出口から徒歩2分　日本語×　英語×　カード○

### 弘大チョポットッポッキ 弘大2号店
홍대조족떡볶이 홍대2호점／ホンデチョプットッポッキ ホンデイホジョム

時間帯にかかわらず来店者が後を絶たない人気店。トッポッキのほかにも天ぷらやスンデなど、サイドメニューも充実している。

☎02-322-0551　📍麻浦区弘益路6キル38
🕙11:30～翌1:30（翌1:10L.O.）　休無休
🚇2号線、空港鉄道、京義中央線弘大入口駅9番出口から徒歩1分　日本語×　英語△　カード○

---

### こんなときどうする!?　おひとりグルメ Q&A

**Q** ナチュラルにテイクアウトする方法は？

**A** ソウルっ子に聞きました！

① 店に入る
② 一言目は「포장 돼요?（ポジャン テェヨ？／テイクアウトできますか？）」
　→ 네（ネ／はい）or 돼요（テェヨ／できます）ならテイクアウトOK!
③ メニューを伝えてお会計
④ でき上がりを待つ
　席が空いていれば座ってもOK、時間がかかりそうなら別の場所にいて戻って来るでもOK。
⑤ 受け取る
　受け取る段階でカトラリーなど入っているか確認を

## Ohitori Gourmet in Seoul

### 多様なメニューから選べるのも♡
# フードコート

忘れがちだけど
おひとりさまの
強い味方！

フードコート

2024年6月オープンの
プレミアムフードコート

☑ 百貨店などのフードコートは
　おひとりごはん率高め

☑ さまざまなお店が入店しているので
　メニュー選択の幅も広い

---

新世界百貨店江南店 B1F〜1F

## HOUSE OF SHINSEGAE
하우스 오브 신세계／ハウス オブ シンセゲ

新世界百貨店が気合を入れて準備した最新フードコート。各店舗前にウェイティングの機械があり、吹き抜けの空間でゆっくり待てる。

📍瑞草区 新盤浦路176 B1F〜1F ⏰11:00〜21:30 休不定休 🚇3・7・9号線高速ターミナル駅8番出口直結 日本語／英語／カード

高速ターミナル

### Pick Up!

**1F ユン海雲台カルビ**
윤해운대갈비／ユンヘウンデウカルビ

釜山の海雲台でオープンし、NYにも進出しているカルビの名店。1品料理なら1万〜2万W台で食べられます。

カルビ味噌チゲ
8000W

**B1F ジャジュハンサン**
자주한상／ジャジュハンサン

昼はこだわりの食材を使った韓国料理を定食スタイルで、夜はワインと伝統酒と共に楽しむ酒の肴を提供。

韓牛クッパ
1万8000W

Ohitori Gourmet in Seoul

### THE HYUNDAI SEOUL B1F

## Tasty Seoul
테이스티 서울／テイスティ ソウル

THE HYUNDAI SEOULの地下1階全体がTasty Seoulと呼ばれる。韓国初上陸やソウル初出店など、話題の新店舗も数多くラインナップ。カウンターで気軽にひとりごはんできるお店も多いので安心。

📍永登浦区汝矣大路108 B1F 🕙10:30〜20:00、金〜日曜〜20:30 休不定休 🚇5号線汝矣ナル駅1番出口から徒歩5分 日本語✕ 英語○ カード○

汝矣島

---

**Pick Up!**

22フードトラックピアザ内

### オンドゥリン
온드린／オンドゥリン

韓牛クッパ（1万W）やプルコギ（1万500W）などの韓国料理がアツアツのトゥッペギで提供される。

話題のお店を楽しむならココ!

---

本気出したらハシゴできる

### ギャラリア百貨店名品館 WEST B1F

## GOURMET 494
고메이사구사／ゴメイサグサ

セレブなエリア、狎鷗亭のギャラリア百貨店名品館WESTの地下1階に位置。デリやスイーツの名店がそろい、人気のレストランが集結したフードコートが人気を集めている。

📍江南区狎鷗亭路343 B1F 🕙10:30〜20:00、土・日曜〜20:30 休不定休 🚇水仁盆唐線狎鷗亭ロデオ駅7番出口から徒歩1分 日本語✕ 英語○ カード○

狎鷗亭

お買い物マダムに紛れて本格料理を味わう

---

**Pick Up!**

### トゥムソッ by ハンワダム
뜸숨 by 한와담／トゥムソッ by ハンワダム

熟成韓牛専門店プロデュースの釜飯店。代表メニューは韓牛ステーキ釜飯2万3000W。冷麺やユッケビビンバも。

# ohitori column

theme

# 国民的デリバリーアプリ「ペダルの民族」が使えた件。

韓国は日本よりもデリバリー(ペダル)が盛ん。なかでも多くの人が使うのが「ペダルの民族」というアプリ。これまで、外国人観光客は利用できませんでしたが、ちゃっかり海外のクレジットカードにも対応していました！ 韓国語表記でハードルは高いですが、一度試してみる価値はあり。

ペダルの民族
**배달의민족**

## START!

### ① 配達先住所を設定
画面左上の部分をタップし、地図から配達先住所を設定

▼

直接受け取り

### ② 受取方法選択
ホテルの場合はフロントに受け取りに行く必要があります。라이더님께(ライダーさんへ)の欄で、「直接受け取り」を選択

▼

最小注文額
配達時間
配送料

### ③ 店・メニューを選ぶ
好きなお店のメニューを選びます。最小注文額・配達時間・配送料も要確認。決まったら一番下の水色のボタンをタップ

▼

### ④「ログインせずに注文」を選択
ログインを推奨するアラートが出ますが、下段の「ログインせずに注文」をタップ

▼

私の連絡先

### ⑤ 電話番号を登録
次の場面の「私の連絡先」に電話番号を登録。国番号も選択可。SMSに届く暗証番号で認証を行う

▼

決済手段

海外クレジットカード

### ⑥ 決済手段は「海外カード」
결제수단(決済手段)の欄は「해외 신용카드(海外クレジットカード)」を選択し、決済に進む

▼

カード番号
有効期限
名前(カードに記載の通り)
一括払い(このままでOK)
メールアドレス(任意)
次へ

### ⑦ カード決済し、到着を待つ
カード情報を入力し、規約同意にチェックをして「次へ」をタップすれば注文完了。アプリ上で注文の進行具合、ライダーの位置がわかります。ライダーが近づいたらホテルのロビーで待ちましょう。

# Shopping Catalog

おひとりショッピングカタログ

ソウルの楽しみのひとつはやっぱりショッピング！ ひとりなら時間を気にせずじっくり選べます。多くのものが日本で買えてしまう今、せっかくだったらここでしか買えないものを選びたい！

**K-雑貨**
p.126

**ドメスティックフレグランス**
p.128

**本気の食みやげ**
p.132

**ダイソー＆オリヤンで本当に買うべきモノ**
p.135

Ohitori Shopping in Seoul | 1

# 잡화
## K-雑貨
チャパ

### SOSO FAMILY
特別いいことも悪いこともない、SOSOな表情で生きる人・犬・猫の家族。楽しそうな場面でも無表情なのが味わい深い
@sosofamily.official

**A** ステッカーセット（13枚入り）
**7000W**

MUST BUY 1-1 캐릭터 굿즈 [キャラクターグッズ]

### 会社員ムルロンイ
休む暇のない会社生活でお腹の肉が増えてしまった会社員。宝くじ当選からの退社を夢見ている。会社員の「あるある」は共感必至！
@mulreong52

**A** ミニキーリング
**1万7000W**

**B** マルチフィギュア
**1万W**

### JOGUMAN ブラキオ
ひょんなことから今も地球に暮らす恐竜。かわいい見た目と裏腹に、自分の幸せを守るためには銃を使ったり中指を立てるブラックさが光る
@joguman.studio

### チェゴシム
色も姿もバラバラな「ゴシム」たちが、明るくポジティブなメッセージをお届け。自己肯定感を上げたいときに！
@gosimperson

**A** 「やることやろう」メモ帳
**2500W**

☑ 雑貨類を買うなら、韓国オリジナルを狙いたい！
☑ 細かいアイテムも多いので、エコバッグは必携

---

**A** 3階建ての建物に雑貨がぎっしり

**object 西橋店**
오브젝트 서교점／オブジェットゥ ソギョジョム

韓国のアーティストのグッズを扱うセレクトショップの先駆け。地下1階では、定期的に作家とコラボしたポップアップを開催。

☎02-3144-7738 📍麻浦区臥牛山路35キル13 🕚11:00〜21:00 🚫無休 🚇2号線・空港鉄道・京義中央線弘大入口駅7番出口から徒歩4分 日本語△ 英語× カード○ @insideobject

 弘大

**B** LINE FRIENDS以外も取り扱い

**LINE FRIENDS 江南フラッグシップストア**
라인프렌즈 강남 플래그십스토어／ラインプレンジュ カンナム プルレグシプストオ

LINEのキャラクターやBT21のほかにも、個性的なキャラクターグッズを取りそろえる。1階レジの先では写真映えするポップアップ空間も。

☎02-536-3232 📍瑞草区江南大路437 🕚11:00〜21:00 🚫無休 🚇9号線・新盆唐線新論峴駅7番出口から徒歩3分 日本語△ 英語○ カード○ @linefriends_square

 江南

## 크리에이터즈 아이템
[クリエイターズアイテム] MUST BUY 1-2

**ほっこりできる小物がズラリ**

### KIOSK KIOSK
키오스크키오스크／キオスクキオスク

オーナーが「毎日を楽しくする身近なクリエイターやブランドを紹介したい」という思いで商品をセレクト。1000点を超えるアイテムが出迎えてくれる。

☎010-8423-8712 📍城東区往十里路80-12F ⏰13:00～19:00
休月曜 🚇水仁・盆唐線ソウルの森駅1番出口から徒歩1分 日本語× 英語△ カード○
@kioskkioskshop

---

**シンプルだから使いやすい**

### NR セラミックス
엔알세라믹스／エンアルセラミックス

自然界から着想を得た美しい曲線が特徴の、イ・ヌリ作家による陶器ブランド。毎日の食卓がワンランクアップできそうな食器やカトラリーが多数。

☎070-4907-7755 📍鍾路区桂洞キル99 2F ⏰13:00～18:30 休月～水曜 🚇3号線安国駅3番出口から徒歩9分 日本語× カード○ @nrceramicsofficial

三清洞

## 세라믹
[セラミック] MUST BUY 1-3

127

# 향수
## ドメスティックフレグランス
ヒャンス

Ohitori Shopping in Seoul 2

元グラフィックデザイナーのオーナーがデザインしたメッセージカードにメッセージを記入すれば一緒にラッピングしてもらえる

☑ 個性あふれるフレグランスブランドは沼ること間違いなし

☑ おひとりさまなら心ゆくまで吟味できる！

バーのような落ち着いた空間で長居したくなる

センティッドキャンドル
5万2000W

リードディフューザー
5万8000W

購入時、ボックスにシーリングスタンプを押してもらえる

オーナーの香水愛が詰まったお店
### MONOROOM PERFUMERY HOUSE
모노룸 퍼퓨머리 하우스／モノルム パピュモリ ハウス

天然の香料とケミカルな香料をバランスよく混ぜることで奥行きのある香りづくりを行う香水ショップ。生活のなかになじみやすく、初心者でもチャレンジしやすい香りがそろっている。

☎0507-1309-8446　📍麻浦区トンマッ路46　🕐13:00～19:00　休月曜　🚇6号線合井駅4番出口から徒歩5分　日本語× カード○ @monoroom_official

合井

音楽、映像とともに試香することで、香りに対するインスピレーションを深められる

購入者は各時間の香りを表現したハガキゾーンで、好きなポストカードを選ぶとそこに香りをかけてもらえる

Midnightという香りは「デート成功率UP香水」としてバズったんだって♡

**Midnight**
オードパルファム
（50ml）
10万9000W

**Midnight**
ルーム＆ベッドスプレー
3万4000W

ディスカバリーセット
3万3000W

時とともに変わるムードを表現

## SW19 カロスキルフラッグシップストア

SW19 가로수길 플래그십 스토어／
エスダブリューナインティーン カロスキル プルレグシッストオ

ロンドン南西部にあるウィンブルドンの情景からインスパイア。時間とともに移りゆく情景を表現した香水は、「6am」「Midnight」など、時間にまつわる名前がつけられている。

☎02-517-7719 ♀江南区狎鷗亭路10キル24
🕚11:00〜21:00 休無休 🚇3号線・新盆唐線
新沙駅8番出口から徒歩10分 日本語△ カード⚪︎
📷 @sw19_official

カロスキル

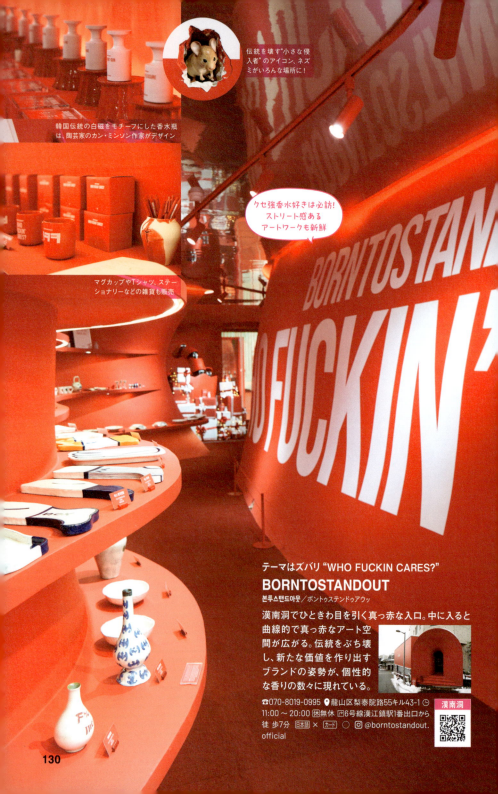

伝統を壊す"小さな侵入者"のアイコン、ネズミがいろんな場所に!

韓国伝統の白磁をモチーフにした香水瓶は、陶芸家のカン・ミンソン作家がデザイン

クセ強香水好きは必訪! ストリート感あるアートワークも新鮮

マグカップやTシャツ、ステーショナリーなどの雑貨も販売

テーマはズバリ "WHO FUCKIN CARES?"

## BORNTOSTANDOUT
본루스탠드아웃／ボントゥステンドゥアウッ

漢南洞でひときわ目を引く真っ赤な入口。中に入ると曲線的で真っ赤なアート空間が広がる。伝統をぶち壊し、新たな価値を作り出すブランドの姿勢が、個性的な香りの数々に現れている。

☎070-8019-0995 ◆龍山区梨泰院路55キル43-1 ◉11:00〜20:00 ㊡無休 ◆6号線漢江鎮駅1番出口から徒歩7分 [日本語]×[カード]○ ◉@borntostandout.official

漢南洞

## 定番ブランドも忘れずに！

### 美しいパッケージはプレゼントにも
## TAMBURINS HAUS DOSAN
탬버린즈 하우스 도산／テンボリンジュ ハウス ドサン

BLACKPINKのジェニがアイコンを務める人気香水ブランド。持ち歩きたくなる洗練されたパッケージ。

☎070-4128-2124
江南区狎鷗亭路46キル50 4F ⏰11:00～21:00 休無休 🚇水仁盆唐線狎鷗亭ロデオ駅5番出口から徒歩7分
日本語×／英語○／カード○
@tamburinsofficial

狎鷗亭

パフューム（50ml）
14万9000W

ハンドクリーム
3万2000W

### 広告なしで広まった実力派ブランド
## GRANHAND. 西村
그랑핸드 서촌／グランヘンドゥ ソチョン

SNSマーケティングを一切行わずに認知度を得た実力派。コーラルピンクの一軒家に、香りアイテムが美しく並ぶ。

☎02-333-6525
📍鍾路区紫霞門路4キル14-2 ⏰11:30～20:30 休無休 🚇3号線景福宮駅3番出口から徒歩2分
日本語×／カード○ @granhand_official

西村

パフューム（50ml）
11万W

シグニチャーパフューム（130ml）
5万5000W

### 上質な香りで日々の暮らしを豊かに
## NONFICTION SAMCHEONG
논픽션 삼청／ノンピクション サムチョン

香水、ボディケア、ホームフレグランスまで商品展開が幅広く、上質な香りで彩りを与える。プレゼントにも喜ばれる。

☎02-733-4099
📍鍾路区北村路5キル84 ⏰11:00～20:30 休無休 🚇3号線安国駅2番出口から徒歩10分
日本語○×／カード○
@official.nonfiction

三清洞

ハンドウォッシュ（300ml）
3万6000W

オードパルファム（100ml）
17万8000W

### リーズナブルだけど本格的
## rest in nature アンニョン仁寺洞
레스트인네이처 안녕인사동／レストインネイチョ アンニョンインサドン

自然本来の香りから癒しを得ることがコンセプトのブランド。リーズナブルで気軽にチャレンジしやすい。

☎02-6956-9050
📍鍾路区仁寺洞キル49 2F ⏰11:00～20:00 休無休 🚇3号線安国駅6番出口から徒歩3分
日本語△／カード○
@restinnature.official

仁寺洞

ファブリックスプレー（100ml）
1万2000W

# 식품 本気の食みやげ シップム

Ohitori Shopping in Seoul 3

☑ 定番アイテムは日本で手に入るので、ソウルでしか買えないものを選ぶべし！

**白菜キムチ**
**2900W**
持ち帰りに便利な缶入り。炒めキムチ（2900W）も

**ミニ薬菓**
**4900W**
不動の人気商品。ひと口サイズでバラマキみやげにも

**フリーズドライスープ**
**各5900W**
わかめスープ、ユッケジャン、プゴクッなどバリエ豊富

**青みかんマックッス**
**5900W**
韓国風そばのミールキット。爽やかな青みかん風味

**ミスカルラテ**
**4900W**
穀物を使った韓国伝統のドリンク。水やお湯で溶かして簡単に飲める

パッケージはおなじみのデザイン。おみやげにすると100％喜ばれる！

**MUJI [無印良品]** MUST BUY 3-1

### 4フロアの大型店舗

## MUJI 江南店
무지 강남점／ムジ カンナムジョム

無印良品の中でも特に大きな店舗。1階は食料品や台所用品、2階は衣類、3階は文具・コスメ、4階は収納用品で構成されている。

☎02-6203-1291 ◎瑞草区江南大路419
⏰11:00～22:00 休無休 ②2号線・新盆唐線
江南駅10番出口から徒歩2分 日本語△ カード◎
◎ @mujikr

江南

ごま油
**9000W**
炒め物などに使うと食材の味がより引き立つ

### 搾りたての味はやみつきに
## ソウル商会
서울상회／ソウルサンフェ

店内で搾ったばかりの新鮮なごま油やえごま油が店頭にずらりと並ぶ。日本に持ち帰ると伝えれば、瓶が割れないように包んでもらえるのもうれしい。

ソウル市からの安全性の認定書があるのはこの市場ではうちだけ！

☎02-960-0438 📍東大門区古山子路38キル13 ⏰4:00～17:30 休月曜 🚇1号線祭基洞駅2番出口から徒歩7分 日本語× カード○

祭基洞

프리미엄 참기름
[プレミアムごま油]
MUST BUY 3-3

バニラアイスにかけると衝撃的なおいしさ

### ミシュランレストランも使う味
## Queens Bucket
쿠엔즈버킷／クエンジュボキッ

こだわりの低温圧搾でつくられたごま油は、ごまの香りをそのまま感じられるほどフレッシュ。高級百貨店やレストランで取り扱われるのも納得の味。

**A** えごま油(200ml)3万W **B** 低温圧搾ごま油(200ml)4万4000W **C** 低温圧搾ごま油(パウチ5ml×10個)1万4000W **D** えごま油(パウチ5ml×10個)9000W

☎02-538-0441 📍中区退渓路64キル5-4 ⏰9:00～19:00、土曜11:00～ 休日曜 🚇2・4・5号線東大門歴史文化公園駅4番出口から徒歩4分 日本語△ カード○
📷@queensbucket

東大門

## ダイソー&オリヤンで本当に買うべきモノ

**다이소 & 올영**
ダイソー&オリヤン

*Ohitori Shopping in Seoul 4*

**メイクアップスパチュラ**
**2000W**
ファンデーションなどを薄く均一に伸ばせて、ベースメイクの仕上がりがワンランクアップ！

**VT リードルショット**
**各3000W（6個入）**
話題の微細針の入った美容液。基本のもの以外に、グルタチオン（黄）、EGF（紫）、ペプチド（水色）など

人気商品は品薄に
大型店舗は
在庫多め♥

### MUST BUY 4-1　다이소 뷰티템
［ダイソーコスメ］

☑ 買うか迷ったら
ネットで日本の価格をチェック！

☑ 狙うべきは
「ここでしか買えないもの」
「日本よりもお得に買えるもの」

×○割で
買えるからぁ…♪

**DROP BE コンシーラー**
**各3000W**
コンシーラーの名店the SAEMの廉価版ブランド。カバー力、色補正力が優秀

**MEDIPEEL ラッピングマスク**
**3000W（6個入）**
薄く伸ばして時間をおくとパックが固まり、はがすともちもち肌の完成

**SON&PARK アーティスプレッド カラーバーム**
**3000W**
ハイブランドのカラーバームに激似と話題。リップにもチークにも。カラーは3色展開

**IPKN カラーコレクティング ブラーパクト**
**3000W**
肌をふんわりトーンアップしてくれるパウダー。ラベンダーが韓国でバズり中

**ビタミンピーリングパッド**
**5000W（60枚）**
水分補給と角質ケアを同時に。メイク前に使うとメイクノリUP

12階建てでなんでもそろう
**ダイソー　明洞駅店**
다이소 명동역점／
ダイソー ミョンドンヨッジョム
p.20へ

明洞

## 올리브영 이너케어&페미닌케어
[オリヤンのインナーケア&フェムケア系]

**MUST BUY 4-2**

箱買いしてマス

コパッコパブ（チョコ）
**3900W**
牛乳や豆乳を入れて飲む、1回分のプロテインシェイク。サクサクしたクランチが入っていておいしさも◎

Centrum
マルチグミ
**2万3000W**
9種のビタミン・ミネラルをグミで簡単にとれる

DENTISTE
ミントボール
**6500W**
噛むとミントがあふれ出す口臭ケアボール。にんにく多めの韓国では必須！

LUV TEA カボチャ茶
**1600W**
むくみ取りに効果的なカボチャのエキス。飲みすぎたときやダウンタイムで腫れのあるときに

Vasol
インナーバランシング
フェミニティッシュ
**1万W**
デリケートゾーンのにおいが気になるときにケア。個包装で持ち運びにも便利

---

## 기획세트
[企画セット]

**MUST BUY 4-4**

ふだんの商品に、同商品や関連アイテム、おためしサイズなどがついて販売されている企画セット。狙っているものなら絶対お得！

1個の値段で2個買えるのはありがたすぎ！

Abib 復活草クリーム
（75ml×2個）
**2万8000W**
復活草のトレハロースが水分含有力を高め、ベタつかないのにしっとり肌に

## 패치
[治す系ニキビパッチ]

**MUST BUY 4-3**

日本では「触らない」ようにするパッチが多いけれど、韓国のニキビパッチは鎮静成分が含まれているものが多い！

コスパ考えるとこの子たちが優秀

ケアプラス
スポットカバーパッチ（左）
傷カバースポットパッチ（右）
**各6300W**
左はつぶれる前のニキビの鎮静、右はつぶれたあとのニキビの治りを早めてくれる

トラブルキュア
**1万2000W**
微細なトゲトゲのマイクロコーンが肌に密着、成分を素早く送り込む

---

ヘルスケア商品も大充実

### OLIVE YOUNG 明洞タウン店
올리브영 명동타운점／オリブヨン ミョンドンタウンジョム

p.11へ

明洞

困った！に スグお役立ち

# Handy Book
## *for*
# "OHITORI" travelers

これさえ
読んでおけば
だいじょぶ的な

## おひとりさま旅の便利帖

1
Preparations
for a journey

2
From
Departure
to Airport

3
The Money
Situation

4
Traffic
conditions

5
During
a stay

6
Return to
country

おひとりさま旅は、自由気ままなかわりに、全て自分で決める必要があります。
初めてひとりで旅する人にとっては不安に思うこともあるでしょう。
ソウル旅行の基本情報から、知って得するお役立ち情報まで、
ぎゅぎゅっと情報を詰め込みました！

Handy Book for "OHITORI" travelers

1 Preparations for a journey

2 From Departure to Airport

3 The Money Situation

4 Traffic conditions

5 During a stay

6 Return to country

## 1 おひとりさま旅の準備
安心&快適な旅は準備が9割!?

Preparations for a journey

行く前が一番ワクワクするよな

| TIPS / 01　p.139へ<br>提供:イメージマート<br>「行きたい場所」の見つけ方 | 提供:イメージマート | TIPS / 02　p.139へ<br>提供:akiyoko74/イメージマート<br>オンラインを活用！パスポートのとり方 |
| --- | --- | --- |
| TIPS / 03　p.140へ<br>提供:memusai/イメージマート<br>失敗しない！航空券＆ホテル選び | TIPS / 04　p.142へ<br>提供:イメージマート<br>最新版 通信手段確保術 | TIPS / 05　p.143へ<br>提供:Spica/イメージマート<br>忘れたら大惨事 海外旅行保険の加入 |
| TIPS / 06　p.143へ<br>提供:AFRC_160/イメージマート<br>実際いくら必要なの？おひとりさま旅予算 | TIPS / 07　p.143へ<br>提供:motunico/イメージマート<br>みんな入れてる！オススメアプリ9選 | TIPS / 08　p.144へ<br>提供:イメージマート<br>これさえあればOK！韓国旅行持ち物リスト |

## TIPS / 01
### 行きたい場所をチェック

ソウルを全力で楽しむなら、事前の情報収集は欠かせない！普段から気になるスポットはチェックしておくのがコツです。

#### ☑ SNSで情報収集

今話題の場所や人気のメニュー、トレンドのアイテムなどを知るにはSNSを活用するのが一番。特にInstagramにはさまざまな情報があるので、気になるものは保存しておくと便利。韓国人が運営するアカウントのほうが情報鮮度は高め。該当のお店のアカウントをタグ付けしていることも多いので要チェック。

| おすすめ&サイト | |
|---|---|
| 旅行全般 | 韓国旅行「コネスト」<br>https://www.konest.com/ |
| ポップアップ | Place Archive<br>@place_archive |
| ポップアップ | Hey Pop<br>@heypop_official |
| カフェ | He said that<br>@_he_said_that |
| グルメ | マッチプニュース<br>@tastynews |

#### ☑ 地図に保存して位置を把握

気になるお店があったら、すかさず地図に保存！韓国のNaver Mapは情報が最新で精度が高いのが特徴。Google MapはNaver Mapよりも精度が下がるといわれていましたが、最近ではかなり正確になっているので、どちらかを利用すればOK。

**Naver Map** 韓国人御用達の地図アプリ。口コミを見たり、お店の予約も可能

**Google Map** 日本人にはなじみがあるので使いやすい。「マイマップ」を作ることもできる

## TIPS / 02
### パスポートを取得する

パスポートは必須アイテム。取得までは日数がかかるので、早めに準備をしておきましょう。

#### ☑ 種類、料金などを把握する

写真：AFRC_074／イメージマート

- **5年用** 新規（12歳以上） 1万1000円
- **10年用** 新規 1万6000円
- **残存有効期間同一申請（更新）** 5・10年どちらも6000円
  ※パスポートの有効期間内で、情報に変更がない場合

**必要書類**

**申請時**
- 一般旅行発給申請書
- 戸籍謄本
- 住民票の写し
- 写真
- 本人確認書類

**受取時**
- 申請時に渡された受理票（受領証）
- 手数料必要額の収入証紙・収入印紙

**必要書類**
住民登録をしている都道府県のパスポート申請窓口

**交付までの所要時間**
約6～8日（窓口により異なる）

#### ☑ 申請書はオンラインで作成可！

申請書は窓口でももらえますが、外務省ホームページでは、インターネット上で申請書を作成することができます。画面の表示に従って入力するだけで申請書ができ上がるので、手軽でおすすめです。作成した申請書を印刷して、必要書類と一緒に窓口に提出する方法のほかにも、「マイナポータル」からオンラインで申請する方法もあります。

パスポート申請書ダウンロード

- インターネット上で必要事項を入力
- プリンターで印刷（A4サイズ）
- 太枠に自筆の署名を記入
- 必要書類とともに窓口にて申請

#### ☑ 申請は代理OK。受け取りは本人のみ

窓口に行けない場合、代理の人が提出することも可能です。その場合、申請書2枚目の「申請書類等提出委任申出書」部分に必要事項を記入し、提出時に代理人の本人確認書類を提示する必要があります。代理でできるのは申請のみで、受け取りは必ず申請者本人が行わなければなりません。

## TIPS / 03
## お得&安全に！航空券&宿の予約

### ☑ ツアーか個人手配かを決める

航空券・宿泊施設の予約は、旅行会社のツアーを利用する方法と、自分自身ですべて手配する方法(個人手配)のふたつの方法があります。

|  | ツアー | 個人手配 |
| --- | --- | --- |
| メリット | ✓ 予約、ビザ手配などを全て旅行会社が行ってくれるので楽<br>✓ トラブルがあっても、添乗員に任せられるので安心<br>✓ 費用が抑えられることが多い | ✓ スケジュールや場所を自分で決められるので、自由度が高い<br>✓ ローカルな体験ができる |
| デメリット | ✓ 自由度が低い | ✓ 準備に時間が取られる<br>✓ トラブル発生時、自分で解決する必要がある |
| こんな人に | ✓ 初海外の人<br>✓ 初めて韓国に行く人<br>✓ 準備に時間が割けない人 | ✓ 旅慣れている人<br>✓ 韓国に何度も行ったことのある人<br>✓ 自分好みの旅行をしたい人 |

### ☑ 仁川？金浦？空港は二択

ソウルを目指す場合の主要空港は仁川国際空港か金浦国際空港。東京でいうと、仁川は成田空港、金浦は羽田空港のような位置づけです。予算、時間の余裕を考えながらどちらの空港を利用するか検討して。

|  | 仁川国際空港 | 金浦国際空港 |
| --- | --- | --- |
| メリット | ✓ 便数が多い<br>✓ 空港内の施設が充実している<br>✓ 航空券が比較的安い | ✓ ソウル市内に出やすく時間の節約になる<br>✓ 空港にロッテマートが隣接 |
| デメリット | ✓ ソウル市内への移動に時間がかかる | ✓ 便数が少なめ<br>✓ 航空券が比較的高い |

若かりし頃使った激安ツアー、ほぼラブホテルみたいなところだったな…

### ☑ 航空券は公式サイトから順番に比較してみる

航空券を手配する際は、まずは航空会社の公式サイトからチェック。公式サイトからの購入だとキャンセルや便の変更などの融通がききやすい場合が多い反面、料金は割高なことも。その際は航空券の横断比較サイトを利用するのも手です。最近ではLCC(格安航空)とフルサービスキャリアの価格差もあまり大きくなくなってきています。ソウルまでのフライトは2時間程度なので、LCCを視野に入れると可能性が広がります。

( 航空会社の公式サイト )

 **比較アプリ**
**Sky Scanner**
航空券の予約サイトを一括検索でき、最安値を見つけられる

## ホテル選びは「予算」と「立地」で考える!

滞在先を決める際に大切になってくるのが予算と立地。予算に応じてどんな宿泊施設を利用するのかが決まります。また、どのように過ごしたいかによって、ソウルのどのあたりに滞在すべきかを検討。

100回くらい行ってるけど結局東大門に滞在しがちかも

高 ← 価格 → 安

### ホテル
**安心・安全だがコストはかかる**
ホテルは安心ですが、ひとり旅の場合は部屋料金が割高になることも。韓国はバスタブなしの確率が高いので要確認

### 民泊（AirBnBなど）
**暮らすように滞在できる**
長期滞在には向いていますが、複数人で料金を折半することでお得感が出るため、ひとりだとお得感は少ないかも

### ゲストハウス
**旅仲間が見つかるかも？**
複数人で部屋をシェアするドミトリータイプはかなりリーズナブルなので、人との交流に抵抗がない人には◎

## 目的別オススメエリア

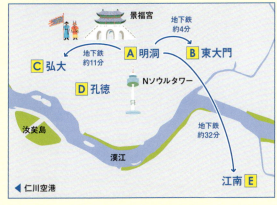

▶ **初韓国なビギナーさん**
**A 明洞　B 東大門**
観光客が多く集まるエリアでホテルの数が多い。ソウル中心部に位置するので、西側・東側どちらへもアクセスしやすい

▶ **空港へのアクセス重視**
**C 弘大　D 孔徳**
ソウルの西側に位置する弘大、孔徳はどちらも空港鉄道が通っており、アクセス◎。金浦空港ならタクシーで行っても負担が軽め

▶ **静かに過ごしたい**
**D 孔徳**
ビジネス街で、出張の会社員が多めなので、静かに過ごせる。おいしいお店も多い穴場

▶ **美容課金したい**
**E 江南**
美容クリニックは江南駅付近に多く分布。すっぴんでウロウロすることにもなるので、近くに滞在するのが安心かも

### ⚠ 「モーテル」はラブホテルのこと!
ホテル検索サイトには、「○○モーテル」というホテルも掲載されていますがこれは韓国のラブホテル。治安が心配なエリアにあることが多いのでなるべく避けて。モーテルの名前が入っていなくても、①シャワールームが異様に広い②客室内にパソコンが設置されている③駐車場の入口にのれんのようなものがある場合はモーテルの可能性大!

141

## TIPS / 04
## 滞在中の生命線、通信手段を確保

### ☑ ルーター、SIM、ローミング…自分にピッタリのものを選ぶ

現地でも地図アプリで道を調べたり、翻訳アプリを使ったり、お店を調べたりなど、なにかとインターネットが必要になります。海外でもインターネットを使えるように、事前に手配しておきましょう。

カフェや飲食店にはフリーWi-Fiもあるよん

|  | 海外用モバイルWi-Fiルーター | 現地のプリペイドSIM | 携帯キャリアの海外ローミング |
|---|---|---|---|
| 概要 | 手のひらサイズのWi-Fiルーターを持ち歩くことで、インターネットに接続 | 海外のスマホ回線を使うために必要なICチップが付いた「海外SIM」をスマホに入れて使用する方法 | ドコモやソフトバンクなどのキャリアが提供する海外パケットプランに契約する方法です |
| メリット | ✓ 1台で複数の端末を接続できる<br>✓ 通信速度が安定している | ✓ 手続きや審査が簡単<br>✓ 前払いなので使いすぎを防げる | ✓ インターネットで簡単に手続きできる<br>✓ スマホさえあればいいので身軽 |
| デメリット | ✓ 受取・返却手続きが必要<br>✓ 端末を持ち歩く必要がある | ✓ 事前にスマホのSIMロック解除が必要<br>✓ データ通信専用か音声通話つきか、従量課金制など、プランが複雑 | ✓ 利用開始時の操作が必要<br>✓ 期間によっては高コストで、通信制限が発生する可能性がある |

### ☑ ダウンロードするだけ！ eSIMの使い方

#### eSIMって？

eSIMとは、「埋め込み型のSIM」。端末にSIMファイルをダウンロードすれば、韓国にいる間のインターネット接続や電話の利用が可能。ルーターやバッテリーを持ち歩く必要がなく、韓国到着直後から帰国便に乗る直前まで使えるのが魅力です。

#### 対応機種を確認

端末のデバイス情報で「EID」という32桁の数字があれば使用可能。多くの場合、eSIM商品ページに対応機種が書かれています。

**iPhone**
2018年発売機種
(iPhone XS/XS MAX/XR) 以降

**Android**
Galaxyの場合、2022年9月発売機種以降 (メーカーにより異なる)

[使い方]

① QRコードからコードをスキャンしてeSIMをインストール

QRコードは申込後にメールなどで送られてきます

② 韓国に着いたら日本で使っている回線をOFF、eSIMの回線をON

うまくいかない場合はスマホを1～2回再起動

③ 使い終わったら削除

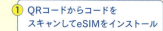

## TIPS / 05
## 海外旅行保険にあえて加入するワケ

### ☑ どんな短期間でも保険は必要！

旅行中にケガや病気をして高額な医療費を請求されたり、物を壊して損害賠償を求められたりなど、海外旅行では予測不能なできごとが起こることも。不測の事態に備え、海外旅行保険には必ず加入しましょう。空港にある保険会社のカウンターで手続きできますが、現在では、あらかじめインターネットで手続きすることができます。出発当日はバタバタしがちなので、事前に手続きを済ませておくのが安心です。

tabiho
韓国2泊3日
19〜49歳の場合
1410円〜

### ☑ クレカ付帯の保険は「おまけ」くらいに思っておく

クレジットカードに海外旅行保険が付帯している場合もありますが、旅行中にカードを利用する必要があったり、保険金額の上限が不十分な場合もあったりするため、事前にきちんと確認する必要があります。

## TIPS / 06
## 実際いくら必要？　お金の準備

### ☑ 実際問題、いくら持ってく？

韓国旅行に必要な金額は、何をしたいかによって大きく異なりますが、だいたいこのくらいあれば安心(かも)、という金額は下記の通り。

**基本の予算**　＋　**カスタム予算**

1万円 × 日数
- カスタム予算
- 美容施術代
- コンサート、ミュージカルのチケット代 etc

### ☑ 両替は国内より現地が得！

欧米の場合は日本で両替していったほうがお得といわれていますが、韓国の場合は現地に着後に両替するのが賢明です。

両替については p.153へ

## TIPS / 07
## 入れて損なし！便利アプリを入れておく

入れておくと何かと使えるお役立ちアプリ。出発前にダウンロードしておきましょう。

 **Papago**
[翻訳] 便利度 ★★★
打ち文字の翻訳だけでなく画像翻訳機能もあるので、看板やメニューの翻訳も可能

 **交通カード残高照会**
[お金] 便利度 ★☆☆
かざすだけでT-moneyの残高の確認ができる

 **ICN SMARTPASS**
[出入国] 便利度 ★★☆
パスポート、顔情報、搭乗券などを事前登録することで空港での出国審査などの時間を短縮

 **Naver Map**
[翻訳] 便利度 ★★★
お店の位置情報、ルート、営業時間などを確認できる

 **Kakao T**
[配車] 便利度 ★★★
韓国で一番メジャーなタクシー配車アプリ。海外カードも対応

 **Tmoney**
[交通] 便利度 ★★★
モバイルSuicaのように、スマホタッチでT-moneyを利用できる。Androidのみ

 **Subway Korea**
[交通] 便利度 ★☆☆
路線図や所要時間を日本語で表示。終電がわかるのが便利

**どちらかでOK**

 **WOWPASS**
[交通] 便利度 ★☆☆
韓国のクレジットカード同様に使えるプリペイド式カード用アプリ。T-moneyも付帯

 **NAMANE**
[交通] 便利度 ★☆☆
WOWPASSとほぼ同じ機能だが、オリジナルのカードをデザインできる

## TIPS / 08 荷造りする

旅行気分が高まる荷造り。あれこれ詰め込みたくなりますが、実は必要なものはそこまで多くないんです。

1 Preparations for a journey
2 From Departure to Airport
3 The Money Situation
4 Traffic conditions
5 During a stay
6 Return to country

### ☑ これさえあればとりあえずOKなマストアイテム

「備えあれば憂いなし」とはいいますが、必ず持っていくべきものさえ押さえればOK。マストなもの以外はダイソーなどで確実に現地調達できるので、気楽に荷造りしましょう。

- ✓ パスポート
- ✓ 航空券のeチケット控え
- ✓ 現金
- ✓ クレジットカード
- ✓ 海外旅行保険の保険証
- ✓ ホテルやツアーなどの予約控え
- ✓ スマホ
- ✓ 薬

### ☑ スーツケースの半分は空けておく

おみやげを買って荷物が増えることを想定し、スーツケースの半分は空いている状態で行くべし。

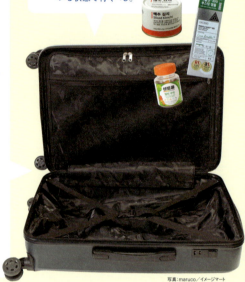

写真：maruco／イメージマート

### ☑ あると便利な意外(？)なモノたち

ちょっとしたものですが、あると便利なアイテムたち。忘れた場合はダイソーなどでも調達可能です。

myaoのスーツケースにはこれらが必ず入ってるよ

○ **モバイルバッテリー**
外を出歩く時間が長いので、持っておくと安心

○ **変圧プラグ**
家電量販店などで数百円で購入可

○ **海外対応の電源タップ**
スマホやWi-Fiなど、意外と充電するものが多いので、ホテルの部屋のコンセントでは足りないことも

○ **ポリ袋、チャック付き密閉袋**
ゴミ袋やおみやげをまとめる袋として重宝

○ **輪ゴム**
お菓子の袋を閉じるなど、あると便利

○ **海外用の財布**
外貨とクレジットカードだけ入れて持ち歩く財布があると、財布の中がゴチャつかない

## ☑ 冬は極寒！気温を知って服を決める

常に迷うのが、「服どうする問題」。気温を知っておくことは大切ですが、服に関しても現地調達できるので、神経質になりすぎることはありません。

### 春&秋

春と秋は日本よりやや涼しい。朝と晩の気温差が大きいので、羽織ものやストールなどがあると安心。

- シャツやロンT
- ジャケット
- ストールなど
- スニーカーorパンプスorブーツ

### 夏

夏は日本と同程度まで気温が上がるものの、屋内は冷房がキンキンに効いているので、薄手の羽織は必須！

- Tシャツ
- スカートorパンツ
- サンダルorスニーカー
- 羽織れるカーディガン

### 冬

韓国の冬の寒さは桁違い。マイナス20度近くまで気温が下がる日も。ほとんどの人がロングダウンを着用。手袋やカイロも欠かせない！ モコモコ着込むのが苦手な人は、コートの中に軽量ダウンを着るのもおすすめ。

- ロングダウン
- 発熱素材のインナー
- 厚めの靴下
- 裏起毛素材の服
- スニーカーorブーツ
- 帽子、イヤーマフなど
- マスク

極寒の日は目しか出しません

Handy Book for "OHITORI" travelers

1 Preparations for a journey

2 From Departure to Airport

3 The Money Situation

4 Traffic conditions

5 During a stay

6 Return to country

# 2

限られた時間だからこそ、
最速で市内に出たい！
## 出国から入国まで
From Departure to Airport

スムーズさで勝負じゃ！

---

**TIPS / 01** p.147へ

乗り逃したら大惨事！
空港着は何時間前？

**TIPS / 01** p.147へ

紙の航空券はもう古い！
オンラインチェックイン

**TIPS / 01** p.147へ

手荷物検査で
ワタワタしない秘策

**TIPS / 01** p.147へ

出国審査は
顔認証でスイスイ

**TIPS / 02** p.148へ

最新版！
入国申告書の記入法

**TIPS / 02** p.148へ

何か聞かれたらどうする!?
韓国入国審査

**TIPS / 02** p.148へ

税関申告書は
もう必要なし！

**TIPS / 02** p.149へ

空港から市内へラクラク！
リムジンバス

**TIPS / 02** p.149へ

仁川→ソウル駅43分！
空港鉄道

146

## TIPS / 01
### 出国の流れ

まずは日本の空港で出国する方法。
少しの工夫で、スムーズに手続きを進められます。

#### ☑ 時間の余裕は心の余裕。出発2時間以上前に空港へ

国際線の場合、出国手続きなどがあるため、飛行機の出発時間の2時間以上前に空港に到着しているのが理想です。

#### ☑ オンラインチェックインで並ぶ時間を短縮

現在はほとんどの航空会社が、オンラインでのチェックインを導入しています。これをしておけば、空港のカウンターでのチェックインが不要になり、受託荷物を預けるだけでOKに。搭乗券も紙ではなくスマホ内のQRコードを利用できるので、失くす心配もなし。

搭乗券がスマホの中に!

[出発] 2時間以上前 → 空港到着 → チェックイン → 受託手荷物を預ける
[出発] 1時間前頃 → 手荷物検査
[出発] 30分前頃 → 出国審査 → 搭乗

行きは東京から約2時間30分

#### ☑ 手荷物検査を最速でクリアする術

手荷物検査場では、手荷物をX線に通して検査します。ワタワタしないために、下のポイントをおさえておくとスムーズです。注意すべきは液体類。100ml以上は持ち込めません。中身が100ml以下の液体は、透明のチャック付き袋に入れる必要があります。

**POINT**
- ✓ アクセサリーはつけていてOK
- ✓ 上着は脱ぐ
- ✓ ブーツは脱いでスリッパに履き替え
- ✓ PC、タブレットは別のカゴへ

#### ⚠ コレは持ち込めない!

- ○ 100ml以上の液体
- ○ 凶器となりうるもの（ハサミ、ナイフなど）
- ○ 発火しやすいもの
  （電池が取り外せないヘアケアグッズ、ライター2個以上）
- ○ 腐食性があり人体や機体に影響があるもの
  （液体バッテリー、水銀など）

電子タバコも1個まで!

#### ☑ 顔認証ゲートでスイスイ出国審査

最近では出国審査場で顔認証ゲートの導入が増えています。パスポートを読み込み、顔写真を撮影するだけでOK。審査官とのやりとりは不要です。

## TIPS / 02
### 入国〜市内への移動

空港に着いたら、いち早くソウルの街に繰り出したい！流れを押さえてスムーズに市内へ！

### ☑ 機内での書類記入最新版

機内では入国申告書を記入します。以前は便名などの記載が必要でしたが、最新のものは便名の記載が不要になり、簡素化。税関申告書の記入は撤廃されました。

**機内ではコレがあると便利！**
- ✓ ペン
- ✓ 滞在先の住所をまとめたスクリーンショット

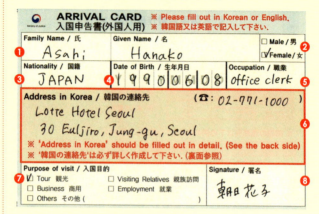

職業は学生の場合はStudent、主婦・無職の場合はNone。滞在先住所・電話番号はホテルの住所と電話番号を記載すればOK。署名部分は、パスポートと同じ署名に。

| ❶ 氏名(英) | ❹ 生年月日 | ❼ 入国目的 |
| ❷ 性別 | ❺ 職業(英) | ❽ 署名 |
| ❸ 国籍(英) | ❻ 滞在先住所・電話番号(英) | |

**機内で書類の記入** → **到着**（映画1本見終わる前に着いちゃう）→ **入国審査** → **手荷物受取** → **ゲートを出る**

### ☑ 入国審査は基本的に無言でOK

入国審査は外国人用のレーンに、順番が来たらパスポートと入国申告書を提示します。審査官の指示に従い、指紋の認識と顔写真の撮影があることも。帽子やメガネ、マスクは外し、パスポートはケースから出しておきましょう。特に会話は不要なので安心を。

### ☑ 税関申告書は撤廃された

これまでは受託手荷物を受け取り、ゲートを出る前に税関申告書を提出する必要がありましたが撤廃されました。申告する物品がない場合はそのままゲートを出てOK。

---

**1** Preparations for a journey
**2** From Departure to Airport
**3** The Money Situation
**4** Traffic conditions
**5** During a stay
**6** Return to country

## ☑ リムジンバスは
## キオスクorカウンターでチケット購入

仁川空港から市内に向かうリムジンバスは荷物をトランクに預けられ、路線が多いのでホテルまで直行しやすいのがメリット。金額は1万7000W～。キオスクまたはチケットカウンターで希望の路線・希望の時間のチケットを購入します。金浦空港からは路線が少ないため、電車かタクシーが賢明です。

乗車時は、係員に行き先を告げるorチケットを見せてから荷物を預け、半券をもらいます。降車時に運転手に半券を渡して荷物を取り出すので失くさないように！

詳細はKONESTでチェック

▶Play キオスクシミュレーション

| 行き先 | No | 乗り場 | 料金 |
|---|---|---|---|
| 明洞 | 6015 | ①5B②28 | 1万7000W |
| 明洞 | 6001 | ①5B②29 | 1万7000W |
| 明洞 | 6701 | ①3B②18 | 1万8000W |
| 東大門 | 6001 | ①5B②29 | 1万7000W |
| 東大門 | 6702 | ①3B②18 | 1万8000W |
| 弘大 | 6002 | ①5B②30 | 1万7000W |
| 江南 | 6703 | ①3B②19 | 1万8000W |

[仁川空港]
リムジンバス → 市内到着

[仁川・金浦空港]
空港鉄道 → 市内到着

WOWPASS(P.152)を予約している場合は受け取り。チャージもこのタイミングで済ませておきます

プリペイドカードの発行orチャージ

Wi-Fiなどを借りる

韓国で受け取りの予約をしている場合は予約時に指定されたカウンターへ

▶Play
仁川第1ターミナルから空港鉄道までの行き方シミュレーション

## ☑ 空港鉄道は「공항철도」の
## 案内に従って地下から向かう

仁川空港の空港鉄道は少し離れた場所にあるので歩いて行きます。空港鉄道の案内を頼りに、地下1階から向かいます。金浦空港の場合は地下1階に5・9号線とソウル駅に向かう空港鉄道の駅があります。

直通列車はオレンジ
一般列車は水色

|  | 停車駅 | 所要時間(ソウル駅まで) | 料金 |
|---|---|---|---|
| 直通列車 | 仁川国際空港第2ターミナル→仁川国際空港第1ターミナル→ソウル駅 | T1から43分 T2から51分 | 1万1000W |
| 一般列車 | 仁川国際空港第2ターミナル→仁川国際空港第 1ターミナル→(省略)→金浦国際空港→(省略)→弘大入口駅→孔徳駅→ソウル駅 | T1から59分 T2から66分 | 1万1000W |

Handy Book for "OHITORI" travelers

1  Preparations for a journey

2  From Departure to Airport

3  The Money Situation

4  Traffic conditions

5  During a stay

6  Return to country

# 3

## 知ってると知らないとでは お得さが段違い！
## お金のアレコレ
### The Money Situation

基本は キャッシュレス

---

**TIPS / 01**  p.151へ

韓国のお金事情、知っておきたいキホンのキ

**TIPS / 02**  p.152へ

最近よく聞く WOWPASSって？

**TIPS / 02**  p.152へ

WOWPASSを お得にゲットするワザ

**TIPS / 02**  p.152へ

WOWPASSを 発行してみよう

**TIPS / 02**  p.152へ

簡単！ WOWPASSを チャージする方法

**TIPS / 03**  p.153へ

両替所は ○○が高レート！

**TIPS / 04**  p.153へ

知ってた？ ATMから ウォンが引き出せる！

# TIPS / 01
## お金のキホン

### ☑ 韓国の通貨はW(ウォン)

韓国の通貨はウォン。紙幣は5万W、1万W、5000W、1000Wの4種類、貨幣は500W、100W、50W、10Wの4種類です。チップの文化はありません。商品・サービスには日本の消費税にあたる「付加価値税」がつきますが、内税になっていることがほとんどです。

**韓国の紙幣＆貨幣**

5万W

1万W

5000W　1000W

500W　100W　50W　10W

**ウォンのレートはどのくらい？**

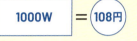

1000W ＝ 108円

1000円 ＝ 9290W

※2025年2月現在

---

### ☑ 韓国人はお財布を持たない!?

韓国はカード大国。カフェでコーヒー1杯を飲むのにもクレジットカードで決済します。日本でもキャッシュレス化は進んでいますが、韓国ではカード1枚をスマホに挟んで持ち歩いている人も少なくありません。少額の支払いでカード支払いをして嫌な顔をされることはないので、賢くカードを使うといいでしょう。

**現金が必要な場面**
- ✓ 市場
- ✓ 交通カードのチャージ
- ✓ 地下商店街（GOTO MALLなど）
- ✓ 一部コインランドリー

など

### ☑ 物価は日本と同等〜やや安

ソウルも日本と同様、物価が上がっています。それでも日本に比べて安いのは交通費。反対に、日本より割高に感じるのは日用品。

ミネラルウォーター（500ml）　620W
チェーン店のコーヒー　2500〜4500W
缶ビール　2800W
スターバックスのコーヒー（コールドブリュー）　4900W
タクシー初乗り　4800W
地下鉄初乗り　1500W

TIPS / 02

# WOWPASSはキャッシュレス旅の新常識！

1 Preparations for a journey

2 From Departure to Airport

3 The Money Situation

4 Traffic conditions

5 During a stay

6 Return to country

## ☑ 韓国のクレジットカード同様に使えるプリペイド式カード

**WOWPASSでできること**
- 円を入れるとウォンでチャージされる
- 各地のキオスクでウォン(現金)への両替も可能
- T-money付きで交通カードの役割も
- アプリで残高・利用履歴が確認できる
- クレジットカードからもチャージ可能
- WOWPASS利用者同士なら残高送金が可能 etc.

レジやキオスクで海外発行のカードが使えなくて困った経験をした人もいるはず。WOWPASSは韓国国内カード同様に決済をできるプリペイド式カードです。全国200カ所以上に設置された機械またはアプリから日本円を必要な分だけチャージして使います(上限100万W)。交通カードT-moneyも付帯しているため、これ1枚で韓国旅がもっと自由に！

WOWPASS

## ☑ 到着後すぐ使える！空港での受け取り予約がお得

まだWOWPASSカードを持っていない人は空港での受け取りプランを事前予約するのがおすすめです。WOWPASSカード自体の発行料が5000Wのところ、空港の一部カウンターでの受け取りを予約すると、10〜33%の割引が受けられます。また、SIMの割引やT-money1万W分がつくお得な「空港セット」も。詳しくはWOWPASSのHPをチェック。

## ☑ 使い始めるには有効化が必要

キオスクで発行したWOWPASSカードを使い始めるための手順を紹介。

※空港のCU・SKTカウンターでの受取の場合はアプリ上で手続きを行います

もちろん予約なしで市内のキオスクで発行も可能

| 仁川空港第1ターミナル | ○CU(コンビニ) 2、3、4号店<br>○SKTカウンター<br>　(2番出口向かいor13番出口向かい)<br>○空港鉄道駅(直通列車ゲート内) |
| --- | --- |
| 仁川空港第2ターミナル | ○CU2号店(到着ロビーA左)<br>○SKTカウンター(4出口と5出口の間)<br>○空港鉄道駅(直通列車ゲート内) キオスク |
| 金浦空港 | ○SKTカウンター(1番ゲート付近)<br>○金浦空港駅(3番出口方面連絡通路)<br>○キオスク |

**STEP 1** キオスクで
　WOWPASSカードの発行
　▶ 新規カードの発行 を選択

**STEP 2** パスポートの顔写真のページをスキャン

**STEP 3** 注意事項を確認し、現金をチャージして
　カード発行 を選択

**STEP 4** カードと現金を受け取る を選択
　※T-moneyのチャージは現金のみなので、現金(W)も一緒に受け取ると便利

**STEP 5** カードを受け取ったら開封し、差込口に挿入して有効化

## 駅やホテルの キオスクで チャージする

主要駅やホテル、商業施設に設置されているキオスクでいつでもチャージすることができます。

**アプリからクレジットカードでチャージも可能になった！**

すでにWOWPASSカードを持っている場合、アプリ内から日本のクレジットカードで残高チャージも可能。ただし手数料がかかるので、近くにキオスクがない場合などに限定するのが賢明です。

STEP 1 ウォン買い ▶ カードで受け取る ▶ チャージ を選択

STEP 2 WOWPASSカードを差込口に挿入し、認識されたら抜く

STEP 3 通貨(JPY) を選択

STEP 4 日本円を入れ、チャージ を選択

STEP 5 チャージ完了！

▶ Play
WOWPASSチャージのシミュレーション

---

## TIPS / 03
### 両替所利用なら やっぱり明洞で

両替は、どこでするかによってレートが大きく異なります。一番お得なのは市内の両替所。なかでも明洞の「大使館前両替所」は高レートで人気です。店頭にある電光掲示板にその日のレートが表示されているので要確認！

 良　市中両替所
 レート
　　韓国の空港の両替所
 悪　日本の両替所

両替所で両替する前にWOWPASSのアプリでもレート確認！

---

## TIPS / 04
### ATMから ウォンを引き出すワザ

国際ブランドのカード(クレジット／デビット／トラベルプリペイド)があれば、韓国内のATMから現地通貨を引き出すことができます。事前の確認が必要なので忘れずに！

STEP 0 日本にいる間に、キャッシングの可否、PIN(暗証番号)を確認しておく

STEP 1 ATMを見つける

STEP 2 クレジットカードを入れ、日本語 を選択

STEP 3 外国媒体 ▶ キャッシュサービス を選択

STEP 4 PIN(4桁の暗証番号)を入力

STEP 5 希望額を入力

STEP 6 現金引き出し
※ATMの操作法は機械により異なります

Handy Book for "OHITORI" travelers

1 Preparations for a journey

2 From Departure to Airport

3 The Money Situation

4 Traffic conditions

5 During a stay

6 Return to country

# 4

目的別に使いこなして時短！
## 滞在中の交通手段
Traffic conditions

地下鉄以外もチャレンジ！

| TIPS / 01　p.155へ | TIPS / 01　p.156へ | TIPS / 01　p.156へ |
|---|---|---|
| <br>乗り放題！<br>今や常識の<br>気候同行カード | <br>地下鉄の路線は<br>色で覚える | <br>決定版！<br>地下鉄の乗り方 |
| **TIPS / 01　p.156へ** | **TIPS / 02　p.157へ** | **TIPS / 02　p.157へ** |
| <br>コレしたら怒られる!?<br>地下鉄のマナー | <br>タクシー配車<br>Kakao T攻略法 | <br>ボッタクリ撲滅！<br>タクシートラブル回避術 |
| **TIPS / 03　p.158へ** | **TIPS / 03　p.158へ** | **TIPS / 03　p.159へ** |
| <br>絶対使って！<br>ソウルの路線バス | <br>初心者でも安心！<br>路線バス完全ガイド | <br>日本とは違う!?<br>バスでのマナー |

# TIPS / 01

## メイン交通手段は地下鉄

### ☑ 地下鉄利用にはT-moneyが必須

地下鉄・バスを利用する際は、日本のSuicaやICOCAのようなチャージ式交通カード「T-money」が必須です

#### 券売機 でチャージ

**STEP 1** 券売機を見つける

**STEP 2** 日本語を選び「チャージ」を選択

**STEP 3** カードを置く

**STEP 4** チャージ額を選び、お金を投入

#### コンビニ でチャージ

T-moneyはコンビニでもチャージ可能。レジで「티머니 충전해 주세요(ティモニ チュンジョネ ジュセヨ)／T-moneyチャージしてください)」と伝え、チャージ金額を渡します。カードリーダーにT-moneyを乗せればチャージ完了！

#### アプリ でチャージ ※Androidのみ

Android専用のT-moneyアプリを入れると、スマホタッチでT-moneyが利用可。クレジットカードからのチャージも可能です。

T-money

---

### ☑ 期間内乗り放題！「気候同行カード」がお得

2024年からサービスが開始した、定額制で地下鉄・バスが乗り放題のカード。日数に合わせて利用でき、1日券の場合は4回地下鉄に乗れば元が取れます。一度カードを購入すれば、ソウルに来るたびにチャージだけすればOKなので、なくさずに持っておきましょう。

#### 料金

**カード代＋日数によって**

気候同行カードそのものは3000W。何日券を買うかによって金額が変わります。短期券のほかに長期の30日券6万2000Wもあり。

| カード自体 | 3000W |
|---|---|
| 1日券 | 5000W |
| 2日券 | 8000W |
| 3日券 | 1万W |
| 5日券 | 1万5000W |

#### チャージ

**チャージは駅の券売機で。支払いは現金のみ**

カードを購入したら改札付近の券売機でチャージ。「交通カードのチャージ」を選択し、カードを置くと日数を選択できます。

#### 購入場所

✓ **駅の顧客安全室**

駅の顧客安全室で購入できますが、見つけにくい場合もあるので下で紹介するコンビニのほうが簡単

✓ **コンビニ**

駅の近くのコンビニなどでも購入可。レジの中にカードがあるので、店員さんに声をかけて

기후동행카드 주세요.
(キフドンヘンカドゥ ジュセヨ)
気候同行カードください

このマークが目印！

▶ Play
気候同行カードのチャージ方法シミュレーション

## ☑ 路線は色で覚える

韓国の地下鉄は1〜9号線+α。それぞれの路線は色が決まっているので、それを目印にするといいでしょう。

| **1** 号線<br>東大門、<br>市庁など | **2** 号線<br>弘大入口、<br>聖水など | **3** 号線<br>安国、<br>新沙など | **4** 号線<br>明洞、<br>新龍山など | **5** 号線<br>金浦空港など |
|---|---|---|---|---|
| **6** 号線<br>梨泰院、<br>望遠など | **7** 号線<br>清潭など | **8** 号線<br>江南区庁、<br>石村など | **9** 号線<br>汝矣島など | 水仁盆唐線(スイン ブンダン)<br>狎鴎亭ロデオ<br>など |

## ☑ 乗り方をおさらい！

▶Play
地下鉄の乗り方
シミュレーション

**STEP 1** 入口を見つける
地下鉄の入口には出口番号と駅名が書かれたポールが立っている

▼

**STEP 2** 改札に向かう
改札は標識で色と番号を確認しながら

▼

**STEP 3** 改札でT-moneyをタッチ
ピッと音が鳴るまでタッチ

▼

**STEP 4** 乗り場で待つ
電光掲示板で接近情報を見られる

▼

乗り換えは「갈아타는 곳」
**STEP 5** 降りたら出口を目指す
「나가는 곳」と出口番号を確認

## ☑ 意外と知らない地下鉄マナー＆ワザ

### ✓ 優先席には座らない
儒教の国、韓国では車両の端にある優先席に座ることはNG！空いていても若い人は座らないことが多いです。

マジで怒られるヨ

### ✓ 空いてるならドア付近には立たない
日本ではドアの横に寄りかかる人が多いですが、韓国では「次すぐに降ります」という認識。空いているなら車内中ほどへ。

降りないんかい！って言われるヨ

### ✓ サクサク乗り降り
乗降中でもかなりドライにドアが閉まる＆ドアが閉まるまでの時間が短い(体感)ので、サクサク乗り降りしましょう。

全員降りてから…と思ったら目の前でドア閉まった(笑)

# TIPS / 02

## 目的地直行ならタクシー

### ☑ 配車はKakao Tが安心&便利

目的地が指定でき、料金も明快な配車アプリを使えば、ボッタクリやトラブルを予防できます。

**Kakao T**

- ピンを手動で動かす
- 現在地から指定
- 地図から指定
- 直接入力(英語可)

**STEP 1** 「タクシー」を選択
**STEP 2** 出発地を指定
**STEP 3** 到着地を指定

基本的に一般でOK

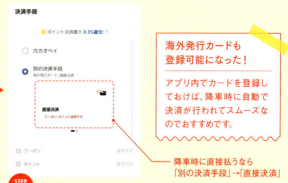

**海外発行カードも登録可能になった!**

アプリ内でカードを登録しておけば、降車時に自動で決済が行われてスムーズなのでおすすめです。

降車時に直接払うなら「別の決済手段」→「直接決済」

**STEP 4** 車種を選ぶ
**STEP 5** 決済手段を選び、「呼び出し」

---

### ☑ タクシーのトラブル回避術

**流しのタクシーのボッタクリ防止には**

アプリで配車するのが一番ですが、呼び込みしているタクシーを使わない、地図アプリを見ながら現在地を確認、メーターが動いているか確認することが大切。

**⚠ おかしいと思ったら降りる**

> 여기서 내려 주세요
> (ヨギソ ネリョ ジュセヨ)
> ここで降ろしてください

と伝えます。

**トラブル時はコールセンターへ**

困ったらソウル市が運営する総合電話案内・相談センターへ電話を。外国語専用窓口は月〜金曜9:00〜18:00に対応。韓国語は24時間年中無休。

**タサンコールセンター**
☎120(ソウル市外からは02-120)
電話をかける→交通1番→日本語3番

157

TIPS / 03

## バス攻略で旅がもっとラクに！

支線バス ● 1300W
幹線バス ● 1300W
広域バス ● 2400W

1 Preparations for a journey
2 From Departure to Airport
3 The Money Situation
4 Traffic conditions
5 During a stay
6 Return to country

☑ **小回り最強のバスは味方につけるべし**

地下鉄と並んでソウルっ子にとって大切な移動手段である路線バス。日本語に対応していないし、路線が多すぎるし、ハードルが高い…と思っている人も多いはず。しかし、路線バスを使いこなせると、旅の範囲がぐっと広がり、目的地に効率的に移動できるようになります。ソウル旅で主に使うのは青色の幹線バスと緑色の支線バス。どちらも料金は1300Wです。

---

☑ **失敗しない！バスの乗り方**

 ▶ Play
バスの乗降シミュレーション

**STEP 1** バス停でバスの到着を待つ

バス番号／バス停ID／何分後に到着か
バス停の電光掲示板には、バスの接近情報が表示されているので参考に

**STEP 2** 前方から乗車
バスが到着したら前方から乗り込む

**STEP 3** カードリーダーにT-moneyをタッチ
気候同行カード p.155 はバスでも利用可

**STEP 4** すぐさま座る
乗客が座る前に走り出すことが多いので、なるべく早めに座るか手すりにつかまって

**STEP 5** 降車時はブザーを押す
停留所のアナウンスがあったら、近くのブザーを押す

**STEP 6** 降りる前にもう一度タッチ
降り口付近にあるカードリーダーに再度T-moneyをタッチ。前の座席にいる場合は前方のカードリーダーでもOK

## ☑ 韓国語がわからなくても安心！バスのTIP

### ○ バスの接近情報はアプリで確認

バスの接近情報は、Kakao BusやNaver Mapのアプリで確認できます。どちらも日本語対応なので、どちらかひとつ入れておくと便利です。

Kakao Bus

Naver Map

### ○ バス停ID確認で反対方向行きを予防！

中央分離帯にあるバス停の場合、どちらの方向に行くか混乱しやすく、反対方面に乗ってしまったら大惨事！ その場合は、バス停に記載されているバス停IDを地図アプリなどと照らし合わせるのが安心。方向によってIDも異なるので、これが合っていれば正しいバス停にいるということ。

### ○ 大きなバス停は乗りそびれ注意

弘大入口駅(写真)などは、数多くの路線が乗り入れています。次々と到着するので、しっかり番号を確認して、乗りそびれないようにしましょう。

### ○ 乗車中は地図アプリで現在地を確認

アナウンスは韓国語なので、到着地がわからない！という場合は地図アプリを見ながら現在地を確認し、降りる停留所との距離感をチェックして。

### ○ アナウンスは2つ先の停留所まで流れる

車内アナウンスは、2つ先の停留所まで流れます。降りる停留所のアナウンスが流れた！と思って降りたら1つ前だった…ということもあるので、よく耳を澄ませておきましょう。

🔊 이번 정류소는 ○○입니다.
（イボン チョンニュソヌン ○○イムニダ）
今度の停留所は○○です。

🔊 다음 정류소는 △△입니다.
（タウム チョンニュソヌン △△イムニダ）
次の停留所は△△です。

### ○ 降車ブザーがない席も

日本と違って、全席にブザーが配置されているわけではありません。乗車したらブザーの位置を確認しておくと、降り際に慌てずに済みます。

### ○ 運転激しめ。しっかりつかまる

路線バスの運転はかなり激しめなので、どこにもつかまらないと転倒のリスクあり。乗車したら座るか、つり革や手すりをしっかり確保して！

Handy Book for "OHITORI" travelers

1 Preparations for a journey

2 From Departure to Airport

3 The Money Situation

4 Traffic conditions

5 During a stay

6 Return to country

# 5

買い物、食事、トイレ事情、言葉の問題……
## 滞在中の「困った」解消
During a stay

意外と
つまずくよね

### TIPS / 01　p.161へ

人気店は導入済み!?
**ウェイティングのイロハ**

### TIPS / 02　p.161へ

セルフで注文
**キオスクの使い方**

### TIPS / 03　p.162へ

それ実はマナー違反!?
**食事のマナー**

### TIPS / 04　p.162へ
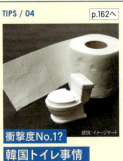
衝撃度No.1?
**韓国トイレ事情**
提供：イメージマート

### TIPS / 05　p.163へ

指さしでイケちゃう
**韓国語フレーズ**

160

## TIPS / 01
## 今や常識？ ウェイティングを制覇

### ☑ ウェイティングって？

ウェイティングとはお店に入るまで「待つ」システム。店頭で名前を書くか専用アプリで順番を取るのが主流で、最近はアプリ管理が定番に。待ち時間や呼び出し通知が確認でき、店の前で待つ必要がありません。

### ☑ 韓国の電話番号があると便利

リストに名前と電話番号を記入して順番が近づくと電話がかかってくるスタイルの店も多いので、韓国の電話番号を取得しておくと便利です。e-SIMで韓国の番号を取得するか、現地のスマホをレンタルするのがおすすめ。

### ☑ ウェイティング方法はイロイロ

ウェイティングの方法はさまざま。店頭の名簿に名前を書く原始的なものから、アプリを使って遠隔でできるものまであります。名前を書く際はハングルで書かずとも、ローマ字で書けば大丈夫です。

| アナログ<br>名簿式 | 店頭に置かれた名簿に手書きで名前と電話番号などを記載。順番が来ると名前を呼ばれたり、電話がかかってきます |
|---|---|
| 電話番号<br>入力式 | 店頭の機械に電話番号を入力すると、SMSなどで順番が近づいてきたことの知らせが届きます |
| CATCH<br>TABLE<br>GLOBAL | 韓国の人気レストランの予約やウェイティング管理ができるアプリ。離れた場所からもウェイティングができて便利  |

## TIPS / 02
## 非対面で注文できるキオスク

### ☑ キオスク注文増加中！

韓国のカフェや飲食店では、キオスクを利用したセルフオーダーのスタイルが増加中です。注文から決済までを画面操作で完結できるため、スタッフと会話せずスムーズに利用できます。特に混雑時でも効率的に注文できるのが魅力です。画面は多言語対応のものが多く、旅行者でも安心して使えます。

▶ Play
キオスク注文
シミュレーション

### ☑ Language→<br>日本語or英語を選択

多言語対応のキオスクの場合、トップ画面で言語を選択できるので、日本語（あれば）か英語を選択。

### ☑ 電話番号必須の場合もアリ

注文商品提供時の通知のために、電話番号の入力が必須な場合も。電話番号がない場合は、諦めてカウンターで注文を。

### ☑ 決済はカードのみ

キオスクでの決済はカードのみ。まれにですが、海外発行カードが使えない場合もあるのでWOWPASS（P.152）があると安心。

## TIPS / 03
## 知って損なし！　食事のマナー

### ☑ 器は持ち上げない
韓国では器を持ち上げずに食事するのが基本ルールで、器には左手を添える程度。スプーンや箸を使い分けて食べ物を口まで運ぶのがマナーとされています。

### ☑ 箸は右、スプーンは左
韓国では箸とスプーンで食事をするのが基本。縦に置くのが正式で、箸を右、スプーンを左にして並べます。

日本と違って少量残してもモンダイないよ

### ☑ おかずは料金に含まれる
レストランに入り、席に着くと、と何も言っていないのにおかずがズラリと並ぶことが。これはパンチャンといって、食事についてくるものなので安心を。セルフの店もあり。

### ☑ 温かい料理は右
韓国料理では、温かい汁物や蒸し物、メイン料理は右側に配置します。温かい料理が冷めないよう、スプーンや箸に近い場所に置くという配慮です。

## TIPS / 04
## 紙が流せない!?　韓国トイレ事情

### ☑ 流せる?流せない?　今は割と流せます
韓国は下水インフラが整っていなかった名残で、トイレに紙を流さず、ゴミ箱に入れるというケースもあります。新しいトイレに関しては、ゴミ箱が撤去され、便器に流せるようになっています。個室に大きなゴミ箱があるかないかで判断を。

**スマートな紙の捨て方**
- 拭いた部分を内側に丸める
- さらにペーパーでくるむ
- ゴミ箱にポイ

### ☑ トイレが店外にある場合も
お店によっては、店舗を出てビル内の別の場所のトイレを利用することも。鍵がかかっていることもあり、その場合は暗証番号がレシートやレジ付近に書いてあったり、鍵が置いてあったりします。

レジ付近にキーが置いてあることも

### ☑ 地下鉄のトイレは意外と(?)キレイ
ソウルの地下鉄駅構内トイレのイメージ改善を目的とし、2017年には地下鉄1〜8号線、2018年には全ての公衆トイレからゴミ箱が撤去されました。トイレに困ったときは地下鉄のトイレを利用するのが安心！

# TIPS / 05
## 指さしOK！ おひとりさま韓国語フレーズ

| | | | | | |
|---|---|---|---|---|---|
| 1 | こんにちは<br>안녕하세요<br>アンニョンハセヨ | 6 | おいしいです<br>맛있어요<br>マシッソヨ | 11 | トイレはどこですか？<br>화장실이 어디예요?<br>ファジャンシリ オディエヨ？ |
| 2 | ありがとうございます<br>감사합니다<br>カムサハムニダ | 7 | ごちそうさまでした<br>잘 먹었습니다<br>チャル モゴッスムニダ | 12 | さようなら<br>（自分が離れる場合）<br>안녕히 계세요<br>アンニョンイ ケセヨ |
| 3 | はい<br>네<br>ネ | 8 | お会計お願いします<br>계산해 주세요<br>ケサネ ジュセヨ | 13 | さようなら<br>（相手が離れる場合）<br>안녕히 가세요<br>アンニョンイ カセヨ |
| 4 | いいえ<br>아니요<br>アニヨ | 9 | ここに行ってください<br>여기로 가주세요<br>ヨギロ カジュセヨ | 14 | また会いましょう<br>또 봐요<br>ト バヨ |
| 5 | いただきます<br>잘 먹겠습니다<br>チャル モッケッスムニダ | 10 | これください<br>이것 주세요<br>イゴッ ジュセヨ | 15 | レシートください<br>영수증 주세요<br>ヨンスジュン ジュセヨ |

## ☑ おひとりさまフレーズ

### お店に入って人数を聞かれたら…

**1人です**
한명이에요
ハンミョンイエヨ

**1人前で注文できますか？**
1인분 되나요?
イリンブン テナヨ？

**1人ですけど大丈夫ですか？**
한명인데 괜찮을까요?
ハンミョンインデ ケンチャヌルッカヨ？

**1人で来ました**
혼자서 왔어요.
ホンジャソ ワッソヨ

### 食べきれなくて持ち帰りたい

**包んでもらえますか？**
포장돼요?
ポジャンテヨ？

このページを指さして使ってネ

Handy Book for "OHITORI" travelers

| 1 Preparations for a journey |
| 2 From Departure to Airport |
| 3 The Money Situation |
| 4 Traffic conditions |
| 5 During a stay |
| 6 Return to country |

# 6

日本に帰るまでが旅行です！
## 帰国準備のアレコレ
Return to country

あっという間に帰国日（泣）

**TIPS / 01** p.165へ

メリットだらけ！
オンライン免税店

**TIPS / 02** p.165へ

増えすぎた荷物は
EMSで送る

**TIPS / 03** p.166へ

スーツケースが閉まらない！
帰国荷造りのコツ

**TIPS / 04** p.166へ

事前搭乗手続きで
フライング出国

**TIPS / 05** p.167へ

空港の列を
スキップできちゃう
スマートパス

**TIPS / 06** p.167へ

お金が返ってくる！
タックスリファンド

164

## TIPS / 01
### 空港で受け取れる! オンライン免税店

旅行の前から事前に免税品を購入し、帰りの空港でまとめて受け取れるオンライン免税店。手荷物の重量に含まれない、当日時間がなくても受け取りだけでOK、お得なクーポンがあるなど、メリットが盛りだくさんです。

**STEP 1** 会員登録
**STEP 2** 帰国便を登録
**STEP 3** 商品を選んで決済
**STEP 4** 帰国当日、引渡場(出国ゲート内)のキオスクでパスポートを読み込み、番号表を出力
**STEP 5** 番号が呼ばれたら受け取り

新羅インターネット免税店
www.shilladfs.com

ロッテオンライン免税店
jpn.lottedfs.com

✓ 引渡場をcheck ※全て出国審査後の搭乗エリア

|  | 仁川 |  | 金浦 |
| --- | --- | --- | --- |
|  | 第1ターミナル | 第2ターミナル | 34ゲート向かい |
|  | ●43ゲートと45ゲートの間の4F | ●252ゲート付近の4F |  |
|  | ●10ゲートと11ゲートの間の4F |  |  |
|  | ●119ゲート向かいの4F |  |  |

ついつい買いすぎちゃう

## TIPS / 02
### 荷物が増えたらEMSで送る

郵便カウンターはB1F

**ソウル中央郵便局**
서울중앙우체국/ソウルチュンアンウチェグッ  【明洞】
☎02-6450-1114  ●中区小公路70  ●9:00〜18:00
休土・日曜  ●4号線明洞駅5番出口から徒歩4分  日本語○
×  英語△  カード○

✓ 韓国語OKな人はオンライン手続きがラク!

韓国語ができる場合は、オンラインで事前に伝票を作成し、バーコードと受付番号を発行しておくとスムーズです。箱詰めをしたうえで、窓口でバーコードまたは受付番号を提示します。

国際郵便スマート受付

増えすぎた荷物は郵便局からEMS(国際スピード郵便)で日本に送ってしまいましょう。韓国からの場合、3〜4日程度で届きます。

※全て英語で記入
❶ 送り主(住所はホテルでOK)
❷ 宛先(名前は送り主と同じでも問題なし)
❸ 物品の内容・数量・重さ    ❹ 署名

Handy Book for "OHITORI" travelers

## TIPS / 03
## 帰国の荷造り

1 Preparations for a journey

2 From Departure to Airport

3 The Money Situation

4 Traffic conditions

5 During a stay

6 Return to country

### ☑ いらないものは捨てていく！

帰りは荷物がどうしても増えるので、なるべく軽くしたい！ おすすめは、いらない服や下着などを捨てて帰ること。化粧品類はサンプルの使い切りパウチなどを持っていけば、その分身軽になります。

myaoは古くなったパジャマとか下着持っていって捨てて帰りマス

### ☑ 液体類は チャック付き保存袋へ

キムチなどの汁気があるものや液体類は、チャック付き保存袋に入れると万が一中身が漏れたときにもスーツケース内に被害が拡大しないで済みます。

### ☑ 箱から出す、バラす

購入したもののなかで、自分用のものであれば、箱から出したり、パッケージになっているものをバラして荷物の隙間に詰めたりすることで、体積を減らすことができます。

### ☑ 割れ物は タオルや服で包む

ビン類などの割れ物は、ダイソーなどで緩衝材を購入してもいいですが、手っ取り早いのは服やタオルで包んで服の間に挟むこと。ほどけないようにヘアゴムなどで固定すると安心です。

## TIPS / 04
## 出国審査をソウル駅で！ 事前搭乗手続き

### ☑ 身軽に空港まで行ける 事前搭乗手続きって？

ソウル駅の都心空港ターミナルでは、仁川国際空港第1・第2ターミナル発の便に限り、搭乗手続きや荷物預かり、出国審査が可能です。利用条件は空港鉄道A'REX直通列車への乗車。仁川空港到着後は専用出国ゲートを利用でき、混雑を避けてスムーズに手続きが進みます。

✓ 利用可能な航空会社　※仁川のみ

| アシアナ航空 | チェジュ航空 | 大韓航空 |
| --- | --- | --- |
| ティーウェイ航空 | エアソウル航空 | ジンエアー |
| エアプサン航空 | イースター航空 | ルフトハンザ航空 |

### ☑ 事前搭乗手続きの手順

**STEP 1** 空港鉄道A'REXの乗車券購入
ソウル駅の地下2階に券売機・カウンターあり

**STEP 2** チェックインカウンターで手続き
カウンターのオープン時間は5:20〜19:00(最終受付18:50)。混雑することもあるので時間に余裕を持って

| 〆切時間 | 第1ターミナル | 出発3時間前 |
| --- | --- | --- |
|  | 第2ターミナル | 出発3時間20分前 |

**STEP 3** 出国審査
チェックインカウンター横、5:30〜19:30

**STEP 4** A'REXで空港へ
地下2階の改札を通り、エレベーターで地下7階の乗り場へ

166

## TIPS / 05
### 長蛇の列をスキップ！　スマートパス

☑ **パスポートと搭乗券を登録で出国がスムーズに**

仁川国際空港のSMART PASSは、保安検査エリアに入る際に優先レーンを利用できるサービスです。専用アプリで事前にパスポート、搭乗券を登録しておくことで、保安検査場に入るまでの時間短縮が可能です。

ICN SMART PASS

☑ **日本語対応！　登録&利用方法**

**STEP 1**
**SMART PASS IDを登録**
アプリを起動し、まずはパスポートを登録します

**パスポートをスキャン**
スマホのNFCタグでパスポートを認識

**顔写真の撮影**

**STEP 2**
**搭乗券を登録**
SMART PASS IDを選択し、帰国便の航空券のQRコードから搭乗券を登録します

登録は超カンタン

**STEP 3**
**出国ロビーの専用レーンから入る**
保安検査場に入る前のゲートの「SMART PASS」というレーンを利用。パスポートと航空券を提示せずとも、顔認証だけで通過できます

---

**一部航空会社は搭乗時にも使える**

大韓航空、アシアナ航空、デルタ航空、チェジュ航空、ジンエアー、ティーウェイ航空の一部搭乗ゲートでは、搭乗にも顔認証だけで通過できます

---

## TIPS / 06
### タックスリファンドも忘れずに

☑ **お店で即時還付も増加中**

OLIVE YOUNGや大型マートなど一部店舗では、会計時にパスポートを提示することでその場でキャッシュバックされる方式が採用されています。この場合は空港での手続きは不要。

パスポートは常に携帯

☑ **事後免税制度は空港で手続き**

ひとつの店舗あたり1万5000W以上の商品を購入した際に消費税を還元する制度。購入時に免税対象商品を確認し、免税書類を受け取ります。空港の専用カウンターやキオスクで手続きを行うことで、税金が払い戻されます。手続きにはパスポート、レシート、免税書類が必要です。

|  |  | カウンター | キオスク |
|---|---|---|---|
| 仁川 T1 | 出国前 | 3F EM付近 | 3F DJ付近 |
| | 出国後 | 28番ゲート付近 | 3F 28番ゲート向かい、コンコース115番ゲート付近 |
| 仁川 T2 | 出国前 | 3F DE付近 | ― |
| | 出国後 | 3F 249番ゲート付近 | 3F 249、253番ゲート付近 |
| 金浦 | 出国前 | ― | 2F 1番ゲート付近 |
| | 出国後 | 3F 36番ゲート向かい | 3F 36番ゲート向かい |

今さら聞けない！
おひとりソウルの **Q&A**

おひとりさまソウル旅をしたいけれど、不安でなかなか踏み出せない…。
おひとりさま旅経験者でも、「これってどうしたら？」とつまずくこともあるでしょう。
おひとりさま旅のプロ、myaoが、今さら聞けないソウルの疑問や
いざというときの対処法、ソウルのあるあるについて答えます！

## Q「ソウルの治安って？」

A **日本と同じ感じだから安全だよ〜**

ソウルの治安は日本と同程度。とはいえ、貴重品は常に肌身離さず、夜に暗い道をひとりで歩くのは避けたほうが安心。日本より多い印象なのは宗教勧誘。怪しいと思ったら「韓国語わかりません」「よくわかりません」で押し通して。

## Q「言葉が通じないのが不安…(泣)」

A **俺たちにはPapagoがある！**

韓国語ができないから韓国旅行はできない!? そんなことはありません。今は翻訳アプリを活用することで、ほとんどのコミュニケーションを円滑に行えます。相手もPapagoを使って日本語に変換し、画面を見せてくれるという場面も多いですよ！

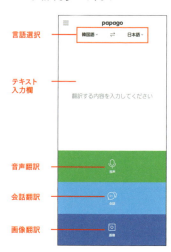

Papagoなら、文字を打って翻訳のほか、看板やメニューなどの画像の翻訳、音声入力による翻訳も可能。また、2人以上で会話するときに使える会話翻訳も。翻訳精度もピカイチです

## Q「電話ってどうやってかけるの？」

A **国番号「82」を覚えておこう**

日本から韓国へ、韓国から日本へ国際電話をかける方法は下記の通り。インターネットの環境があるのであれば、LINEやKakao Talkなどの通話アプリを使うのが賢明。

 日本 → 韓国

**001** ＋ **010** ＋ **82** ＋ **0を取った市外局番** ＋ **相手の番号**
識別番号　認識番号　国番号

※マイライン、マイラインプラスに登録している場合、001は省略可

 韓国 → 日本

**001** ＋ **81** ＋ **0を取った市外局番** ＋ **相手の番号**
識別番号　国番号

※ホテルからかける場合は、最初に外線ボタンを押す

## Q「トラブルが起きたらどうする!?」

### A 各連絡先を控えておくべし

もちろん、トラブルが発生しないのがベストではありますが、備えるに越したことはありません。特に、ソウル旅に慣れてきた頃が要注意。下記の連絡先はいつでもアクセスできるように控えておくと安心。

| Help me 119 | 119 |
| --- | --- |
| 警察 | 112 |
| 在韓日本大使館 | 02-2170-5200 |
| 遺失物センター | 02-2299-1282 |

「Help me 119」は外国人のための同時通訳通報サービス。119に電話をかけて「Japanese, please」と伝えると日本語で対応してもらえます。24時間、年中無休で費用もかからない

Travel Navigator
保険には入っておこう

## Q「失くし物をしたら?」

### A とりあえず落ち着いて!!!

旅行中に失くし物をすると、慌ててしまいますよね。特にパスポートや貴重品の場合はなおさらです。まずは冷静になることが大切です。事前にどうしたらいいのかを把握しておくだけで、少しは落ち着いて行動できるので、下記を一読しておきましょう。

☑ **パスポート**
まずは警察で紛失証明書を作成してもらいます。日本領事館に盗難・紛失届を提出し、新しいパスポートを申請します

☑ **クレジットカード**
各会社のサービスセンターに連絡し、カードの利用を停止してもらいましょう

☑ **航空券**
航空券を発行した会社に連絡します。ただし、多くの場合は買い直しになります

☑ **現金・貴重品**
パスポート同様、警察で紛失証明書を作成。保険に加入している場合は補償の対象です

## Q「病気になったらどうすればいい?」

### A 保険加入していても一旦は自腹で払うよ

現地で体調が悪くなった場合、まず重要なのは保険加入の有無。加入している場合は保険会社の現地サービスセンターに連絡を。病院を紹介してもらえるはずです。ホテルのフロントなどに相談するのもおすすめです。また、P.157で紹介した「タサンコールセンター(120)」は病院や薬局で三者間通訳をして症状を伝えてもらえます。
医療機関を利用した場合、その費用は保険加入の有無にかかわらず、その場で支払う必要があります。保険金が返ってくるのは、帰国後に領収書などを提出して受理されてからになります。旅行前に必ず規約を確認しておきましょう。
保険に加入していない場合でも、国民健康保険に加入している場合は一定額の還付を受けることもできます。帰国後に保険事務所に相談を。

お国柄なんよね
Travel Navigator

### Q「コンビニ店員がスマホいじってる件…」

A そういうもんだ

コンビニ店員がダルそうにスマホをいじっている…というのは韓国ではかなり「あるある」な光景だったりします。ほかにも飲食店の店員さんが客席で堂々とご飯を食べていたり、店員同士で明らかに私語をしまくっていたり…。お隣の国といえども、ここは海外。イライラするよりも文化の違いだと思って面白がれるほうが、旅はきっと楽しくなるはず！

### Q「お店の接客がベッタリで断りづらい」

A ハッキリ断ってOK

特に明洞のコスメショップなどに入ると、店員さんからアツい接客攻撃を受けることが。日本語でゴリ押しされているときは、ハッキリと「いりません」と言って全然OK。曖昧な態度はトラブルのもと。また、韓国語で話しかけられた場合は「그냥 보고 있어요（クニャン ボゴ イッソヨ／見てるだけです）」と言うのがベスト。

### Q「ソウルのタバコ事情は？」

A 室内は日本以上に吸えない！

韓国では飲食店内での喫煙は全面的に禁止されています。喫煙ブースの設置にもかなり厳しい規制が設けられており、非常に少ないのが現状です。区によっては路上に喫煙所を設けている場合もありますが、それもごくわずか。ホテルも喫煙所が屋外だったり…。ではみんなどこでタバコを吸っているかというと路上。お店もホテルも、「店の外であればうちは関与しません」というスタンスのようで、路上喫煙はしばしば見られ、路地裏などには"自然発生喫煙所"ができている感じです。ポイ捨てはNGなので、喫煙者は携帯灰皿を持ち歩くようにしましょう。

### Q「なにやら大声でキレられたような…こわい！」

A 多くの場合、怒ってないのだよ（笑）

ソウルで感じること第1位（かもしれないの）は、「みんな無愛想」「なんか怒ってる」ということ。言葉がわからないと何を言われているかわからないし、そう感じてしまうかもしれませんが、実際のところ9割方怒っていないんです！ 大声で(笑)「これはこうだよ」と教えてくれている場合がほとんどで、実はしっかりわたしたちの面倒を見てくれていたりします。だから警戒しすぎないで大丈夫。何か親切にしてもらったら「감사합니다!(カムサハムニダ／ありがとうございます！)」と笑顔でお礼を！

### Q「運転が荒くてヒヤヒヤする（汗）」

A それな!!

タクシーやバスの運転がワイルドで、ヒヤッとするのは多くの人が体験すること。韓国は左ハンドルなので、右ハンドルの日本の車に慣れているわたしたちからすると、見え方が違うのもあってそう感じる側面もあります。当然ですが、どんなに短距離でもタクシーに乗ったらシートベルトを着用、バスも座るか手すりなどにしっかりつかまりましょう。タクシーの場合、行き先を告げた後に「안전하게 가주세요〜（アンジョナゲ カジュセヨ〜／安全運転でお願いしま〜す）」とひと声かけておくのも手です。

170

## Q「明洞で「ニセモノあるよ～」と声をかけられました(笑)」

### A コピー商品は買っちゃダメ！

明洞などでは「ニセモノあるよ～」「完璧なニセモノ」などといって客引きをしている、ハイブランドのコピー商品を扱う店をちらほら見かけます。コピー商品は知的財産権侵害物品。購入はNGということを心に留めておきましょう。

---

## Q「仁川発の早朝便で帰ります。リムジンバスも空港鉄道も始発では間に合わなそう…」

### A 空港のチムジルバンはいかが？

仁川空港第1ターミナルの地下1階には、一般の人が利用できるチムジルバン(韓国版スーパー銭湯)があります。入口でスーツケースを預かってもらえ、入浴・仮眠ができるのでとっても便利。ただし終電後などは混雑して入れない場合もあるので、利用する場合は早めに入店するのがおすすめです。タオルや館内着は利用料金に含まれています。

### SPA ON AIR
스파온에어／スパオンエオ

シャワースペース、ジャグジー風呂、仮眠室(男女別)と雑魚寝スペース(男女共用)、そしてサウナのあるラウンジで構成されている。仮眠室、雑魚寝スペースは遅い時間は埋まりやすいので早めの確保を。

☎032-743-7042 ♁仁川広域市中区空港路272 第1ターミナルB1F ⏰24時間 休無休 🚇空港鉄道仁川国際空港第1ターミナル駅から徒歩10分 日本語△ 英語◯ カード◯

| MENU | | |
|---|---|---|
| 利用時間 | 8:00～20:00 | 20:00～8:00 |
| 6時間 | 2万W | 2万5000W |
| 12時間 | 2万5000W | 3万5000W |

---

## Q「荷物が重すぎて心が折れそうなのですが…」

### A スーツケース配送サービスは1度使ったらやみつき！

おみやげで荷物が増えた際、重いスーツケースを引っ張って歩くのはひと苦労。特に金浦空港に地下鉄で向かう場合や、空港鉄道の一般列車で仁川空港に向かう場合は、荷物を手元に置き続けなければいけません。そんなときに利用したいのがスーツケース配送サービス。空港とホテル間のスーツケースの配送を行うサービスです。受付時間に制限はありますが、基本的に当日中に配送してもらえます。

**TRIP EASY スーツケース配送サービス**

| | 金浦国際空港 | 仁川国際空港 T1 | 仁川国際空港 T2 |
|---|---|---|---|
| カウンター位置 | 1F GATE1付近 | 3FNカウンター付近21・22番 | 3FNカウンター12番付近 |
| 空港受付→ホテル配送 | 9:00～17:00→20:00以降 | 7:00～17:00→20:00以降 | 8:00～17:00→20:00以降 |
| ホテル受付→空港配送 ※ | ～10:00→15:00～20:00 | ～10:00→15:00～22:00 | ～10:00→15:00～21:00 |
| 料金 | 2622円 | 2622円 | |

KONESTから予約可能！

※17時以降搭乗便利用者のみ予約可

# Seoul Subway Map

# INDEX

| あ | 支店名 | ページ |
|---|---|---|
| ARTIST BAKERY | | 32、65 |
| AUFGLET | 漢南 | 46 |
| Atelier Pond | 漢南 | 45 |
| AMUSE | 漢南ショールーム | 49 |
| AMORE 聖水 | | 13 |
| AMORE 龍山 | | 31 |
| Antique Coffee | 延南店 | 37 |
| Anteroom Seoul | | 103 |
| アンニョン仁寺洞 | | 106 |
| 益善洞韓屋村 | | 23 |
| East Village Seoul | 光化門店 | 32 |
| Innisfree THE ISLE | | 21 |
| Lee Ho Sorak | | 105 |
| EMIS | 漢南 | 49 |
| 里門ソルロンタン | | 51、111 |
| WITHMUU | AK PLAZA弘大店 | 59 |
| WITHMUU | 明洞店 | 63 |
| Wellness pharm | | 77 |
| 牛湯 | | 109 |
| ウリィェットル博物館 | | 68 |
| 乙支路入口駅2番出口 | | 69 |
| 乙密台 | | 115 |
| Ace Four Club | | 31 |
| SW19 | カロスキル フラッグシップストア | 129 |
| NR セラミックス | | 127 |
| Enor | | 48 |
| aff seoul | | 33 |
| Ofr. Séoul | | 49 |
| overdue flair | 漢南ショールーム | 44 |
| OUVERT SEOUL | | 95 |
| オーブネッパジンタッ | 明洞店 | 16、23 |
| OLDIES HOT DOG | | 66 |
| 屋同食 | | 109 |
| 五壮洞興南チッ | 本店 | 115 |
| onion | 安国 | 35 |
| onion | 広蔵市場 | 29、32 |
| onion | 聖水 | 22 |
| オヒャンチョッパル | | 121 |
| object sangga | | 37 |
| object | 西橋店 | 126 |
| OLIVE YOUNG N 聖水 | | 14 |
| OLIVE YOUNG | 明洞タウン店 | 11、136 |
| オリンピックホール | | 61 |

| か | 支店名 | ページ |
|---|---|---|
| 嘉苑 | | 114 |
| CAFE SASA | | 93 |
| CAFE ハラボジ工場 | | 15 |
| Cafe Layered | 延南店 | 40 |
| Cafe Rosso | | 69 |
| 江南駅地下ショッピングセンター | | 49 |
| 江南スクエア薬局 | | 77 |
| カンブチキン | 乙支路3街駅店 | 120 |
| KIOSK KIOSK | | 127 |
| 景福宮 | | 51 |
| 広蔵市場 | | 28 |
| KWANGYA@SEOUL | | 62 |
| Queens Bucket | | 134 |
| COOL KID'S COOKIE | | 101 |
| クムテジ食堂 | | 33 |
| KUMÉ | フラッグシップ | 48 |

| | 支店名 | ページ |
|---|---|---|
| GROUND SEESAW | 西村 | 81 |
| GRANHAND. | 西村 | 131 |
| クルクルトントン | 淑大本店 | 31 |
| クルタリ食堂 | | 111 |
| GOUMET494 | | 123 |
| 芸術の殿堂 | | 91 |
| GEBANG SIKDANG | | 16 |
| GOTO MALL | | 43 |
| コーヒー韓薬房＆恵民堂 | | 66 |
| GOLDEN PIECE | | 49 |
| 国際刺繍院 | 3号店 | 52 |
| 国立現代美術館 | ソウル館 | 84 |
| 国立古宮博物館 | | 55 |
| 国立中央博物館 | | 83 |
| 国立民俗博物館 | | 85 |
| 高尺スカイドーム | | 61 |
| KOKKILI BAGEL | 聖水 | 39 |
| 高峰参鶏湯 | 明洞店 | 11、108 |
| コンミョン | 弘大店 | 40 |

| さ | 支店名 | ページ |
|---|---|---|
| ザ・現代ソウル | | 68 |
| The SameE | | 62 |
| Samuel Smalls | | 14 |
| 365イルジャン | | 29 |
| JR. PUB | | 69 |
| JANE MARCH MAISON | | 22 |
| 申李道家 | | 40 |
| シャルロッテシアター | | 91 |
| Jean Frigo | | 12 |
| George Seoul | | 99 |
| 神仙ソルロンタン | 明洞店 | 111 |
| スターフィールド COEX MALL | | 106 |
| Stay KnocKnock | | 105 |
| SPA ON AIR | | 171 |
| SPA BIDAN | | 78 |
| スパ ヘウム | | 16、78 |
| 世宗文化会館 | | 91 |
| Scène | | 39 |
| 瑞源 | | 117 |
| ソウル雲峴宮 | | 27 |
| ソウル工芸博物館 | | 85 |
| ソウル商会 | | 134 |
| ソウル中央高等学校 | | 65 |
| ソウル中央郵便局 | | 165 |
| 小公粥家 | | 116 |
| SOSU CLINIC | | 76 |
| ソブムコンジャン | | 58 |
| ソムンナン聖水カムジャタン | | 22、36 |
| ソラリア西鉄ホテル | ソウル明洞 | 104 |
| ソルソッ | 延南店 | 38 |
| 宜靖陵 | | 55 |
| 聖水連邦 | | 21 |
| 城南アートセンター | | 91 |

| た | 支店名 | ページ |
|---|---|---|
| ダイソー | 明洞駅店 | 20,60,135 |
| Diver Chu! | | 39 |
| TYPE | 漢江店 | 66 |
| 多菜 | 東大門店 | 33 |
| TONGUE SEONGSU SPACE | | 35 |
| TAMBURINS | HAUS DOSAN | 131 |
| チェグロ | | 36 |
| チャニャンチッ | | 113 |
| 蚕室室内体育館 | | 91 |
| 長安参鶏湯 | | 20,67,108 |
| 昌慶宮 | | 55 |
| 昌徳宮 | | 54 |

174

| チャンドッテキムチチゲ | 清潭店 | 111 |
| チュニネチュロス | 狎鷗亭店 | 57 |
| 忠武アートセンター | | 91 |
| 清潭スンドゥブ | 本店 | 57、110 |
| 宗廟 | | 54 |
| 青瓦屋 | 乙支路3街直営店 | 110 |
| ティーアンパン 午後の紅茶 | | 67 |
| DDP（東大門デザインプラザ） | | 67 |
| D MUSEUM | | 82 |
| DIONY Makeup & Hair | | 79 |
| dasique | 聖水フラッグシップストア | 73 |
| Tasty Seoul | | 123 |
| 大林美術館 | | 84 |
| 伝統酒ギャラリー | | 53 |
| 伝統茶院 | | 52 |
| tour à tour | | 41 |
| Twinkle皮膚科 | 光化門店 | 75 |
| DOOTA MALL | | 20 |
| 東横INN | ソウル東大門2 | 104 |
| 徳寿宮 | | 54 |
| 徳寿宮石垣道 | | 69 |
| ドクタープチ医院 | 江南 | 76 |
| DOSAN BUNSIK | 島山公園店 | 23 |
| 土俗村 | | 108 |
| DOTORI GARDEN | 安国店 | 27 |
| トマ | 仁寺洞店 | 33 |
| Torriden connect | 聖水 | 21 |
| TONGTONGE | | 41 |
| dundun | 東大門店 | 106 |
| 東琳メドゥプ工房 | | 53 |

| な | 支店名 | ページ |
| --- | --- | --- |
| nakhasan coffee | | 97 |
| nyu nyu | 東大門店 | 12 |
| NUDAKE | HAUS DOSAN | 41 |
| ヌンドンミナリ | 聖水店 | 15 |
| 綾羅島 | 江南店 | 115 |
| ネマムデロポンケース | 弘大店 | 58 |
| NEMONE | | 39 |
| Knotted Studio | 清潭 | 41 |
| NONFICTION SAMCHEONG | | 131 |

| は | 支店名 | ページ |
| --- | --- | --- |
| Perlen | | 38 |
| HiKR GROUND | | 63 |
| HOUSE OF SHINSEGAE | | 43、122 |
| HAPPY BEAR DAY | 合井本店 | 59 |
| Hanok Essay Seochon | | 105 |
| Public Garden | | 29、32 |
| バルンチキン | 建大駅ロボット店 | 120 |
| BARO ATO 2 | | 104 |
| ハンニプソバン | | 117 |
| 韓服男 | 景福宮店 | 55 |
| Beat Road | | 63 |
| pixel per inch | | 30 |
| Piknic | | 84 |
| hince | 漢南 | 46 |
| 華虹マート | | 65 |
| 華虹門 | | 65 |
| 黄生家カルグクス | | 18、114 |
| fwee Agit | 聖水 | 73 |
| フェナム食堂 | | 68 |
| FOCAL POINT | | 19 |
| Photoism Box | 狎鷗亭店 | 57 |
| 北村 雪花秀の家 | | 23 |
| 北村韓屋村 | | 17 |
| FUTURA SEOUL | | 82 |
| ブルースクエア | | 91 |

| | | 83 |
| --- | --- | --- |
| 文化備蓄基地 | | 83 |
| POINTTWOFIVE・SECOND | 北村 | 23 |
| Pola at Home | | 14 |
| BORNTOSTANDOUT | | 45、130 |
| 普信閣 | | 55 |
| ポスンフェグァン | 江南駅直営店 | 118 |
| ポスンフェグァン | 弘大直営店 | 118 |
| ポスンフェグァン | 明洞店 | 118 |
| Hotel Cappuccino | | 103 |
| 本粥 | 明洞店 | 13 |
| 本粥＆ビビンバ | 江南新沙店 | 119 |
| 本粥＆ビビンバ | 明洞2号店 | 119 |
| 本粥＆ビビンバ | 弘大店 | 119 |
| 弘大チョポットッポッキ | 弘大2号店 | 59、121 |

| ま | 支店名 | ページ |
| --- | --- | --- |
| Magpie & Tiger 聖水ティールーム | | 36 |
| 麻浦歩きし道4コース | | 67 |
| マムズタッチ | 江南駅店 | 119 |
| マムズタッチ | 明洞店 | 119 |
| マムズタッチ | 弘大入口駅店 | 119 |
| Mangroove | 東大門 | 104 |
| Minute Papillon | | 41 |
| ミュージアムキムチ間 | | 55 |
| 武橋洞プゴクッチ | | 35、112 |
| MUJI | 江南店 | 132 |
| MUJI | ソウル駅店 | 47 |
| MAKEFOLIO | | 49 |
| MAKERS X IPPDA HOTEL | | 103 |
| Moment Coffee | 2号店 | 40 |
| 餅博物館 | | 85 |
| monami store | 聖水店 | 22、35 |
| MONOROOM PERFUMERY HOUSE | | 128 |
| Mong Ted | | 65 |
| 木覓山房 | | 30、116 |

| や | 支店名 | ページ |
| --- | --- | --- |
| 駅前うどん | 江南駅太極堂店 | 118 |
| 駅前うどん | 東大門DOOTA MALL店 | 118 |
| 駅前うどん | 弘大入口駅店 | 118 |
| 永和樓 | | 47 |

| ら | 支店名 | ページ |
| --- | --- | --- |
| RYSE Autograph Collection | | 103 |
| LINE FRIENDS | 江南フラッグシップストア | 126 |
| Leeum美術館 | | 85 |
| L'Escape Hotel | | 102 |
| Rest & Recreation | 聖水 | 22 |
| Rest & Recreation | 漢南 | 44 |
| rest in nature | アンニョン仁寺洞 | 131 |
| LOW ROOF | | 18 |
| ロッテマート | ZETTAPLEX ソウル駅店 | 19、47、133 |
| ロッテ免税店明洞本店 STAR AVENUE | | 63 |
| ロッテワールドタワー | | 106 |
| LONDON BAGEL MUSEUM | 安国店 | 17 |

| わ | 支店名 | ページ |
| --- | --- | --- |
| WILD WILD | | 60 |
| One More Bag | | 46 |

# STAFF

**編集制作**
mao

**撮影**
ミヤジシンゴ

**イラスト**
酒井真織（P.92 〜 100）／mao（myao）

**表紙・本文デザイン**
矢部あずさ／岡澤輝美（bitter design）

**コーディネート**
LEE SHIHO

**動画撮影**
KIM HYOBIN／mao

**動画編集**
石丸桃麻

**地下鉄路線図制作**
S-map

**写真協力**
KIM HYOBIN／HIKARU／中垣 聡（株式会社 Branch）／
日高奈々子／野中弥真人／KIM JWASANG／MISSING／
関係諸施設／韓国観光公社／イメージマート／アフロ

**企画・編集**
白方美樹（朝日新聞出版 生活・文化編集部）


おひとり ソウルガイド

2025 年 3 月 30 日　第 1 刷発行


編著　　朝日新聞出版

発行者　片桐圭子

発行所　朝日新聞出版
　　　　〒 104-8011　東京都中央区築地 5-3-2
　　　　（お問い合わせ）infojitsuyo@asahi.com

印刷所　大日本印刷株式会社


©2025 Asahi Shimbun Publications Inc.
Published in Japam by Asahi Shimbun Publications Inc.
ISBN　978-4-02-334780-9

定価はカバーに表示してあります。落丁・乱丁の場合は弊社業務部（電話 03-5540-7800）へ
ご連絡ください。送料弊社負担にてお取り替えいたします。
本書および本書の付属物を無断で複写、複製（コピー）、引用することは著作権法上での例外
を除き禁じられています。また代行業者等の第三者に依頼してスキャンやデジタル化することは、
たとえ個人や家庭内の利用であっても一切認められておりません。